CELEBRAÇÃO DE CASAMENTO

ORIENTAÇÕES PARA NOIVOS E PROFISSIONAIS DE EVENTOS

Copyright© 2019 by Literare Books International
Todos os direitos desta edição são reservados à Literare Books International.

Presidente:
Mauricio Sita

Capa, diagramação e projeto gráfico:
Gabriel Uchima

Revisão:
Camila Oliveira

Diretora de projetos:
Gleide Santos

Diretora de operações:
Alessandra Ksenhuck

Diretora executiva:
Julyana Rosa

Relacionamento com o cliente:
Claudia Pires

Impressão:
Impressul

Dados Internacionais de Catalogação na Publicação (CIP)
(eDOC BRASIL, Belo Horizonte/MG)

C392 Celebração de casamento / Anderson Amaury Silva... [et al.]. – São Paulo (SP): Literare Books International, 2019.
14 x 21 cm

ISBN 978-85-9455-182-5

1. Casamento – Manuais, guias, etc. 2. Cerimônias de casamento. 3. Etiqueta nupcial. I. Silva, Anderson Amaury. II. Silva, Elizabeth. III. Dias, Julio. IV. Carmo, Rodrigo do.

CDD 392.5

Elaborado por Maurício Amormino Júnior – CRB6/2422

Literare Books International Ltda.
Rua Antônio Augusto Covello, 472 – Vila Mariana – São Paulo, SP.
CEP 01550-060
Fone/fax: (0**11) 2659-0968
site: www.literarebooks.com.br
e-mail: literare@literarebooks.com.br

PREFÁCIO

Ao prefaciar a primeira edição do livro *Celebração de casamento*, dos autores Anderson Amaury Silva, Elizabeth Silva, Julio Dias e Rodrigo do Carmo, além da honra do convite, sou movida pelo reconhecimento.

Reconhecimento de que os autores têm vivência, habilidade e intelecto para desincumbir-se da tarefa hercúlea de perscrutar o cerimonial do casamento e a função do celebrante social. A propósito, raros profissionais logram reunir tão vasto cabedal teórico à tamanha expertise prática. A obra comprova o domínio dos autores sobre a matéria. Para escrever este prefácio li a publicação inteira. E fiquei inebriada.

Altamente didático, Anderson Amaury Silva, dirime nossas dúvidas. Quem é o celebrante social, o que faz, qual a validade de sua atuação. É padre? É pastor? É juiz de paz? Qual deve ser sua qualificação. São dúvidas que sempre temos. Anderson responde com clareza e pragmatismo. A cerimônia, sua duração, até o seu valor, explicando os itens que influem na precificação. Aborda a situação atual do mercado para o celebrante social. Terminando o seu capítulo, sabemos perfeitamente o que contratamos. Como excelente organizador de eventos que é, não deixa nenhuma pergunta sem resposta. É o celebrante da perfeição. Elizabeth Silva nos traz cultura. Impressiona a dimensão desse horizonte. Casamento afro-brasileiro, budista, católico ortodoxo e romano, espírita, evangélico, islâmico, judaico. Conheciam essa variedade? Fornece uma megavisão das relações heteroafetivas, homoafetivas, uniões poligâmicas, monogâmicas. Hábitos e costumes de acordo com cada grupo. Alerta, também, para situações específicas, para as quais o celebrante social precisa estar preparado, pois, embora menos comuns, precisam ser igualmente respeitadas, como casamentos no exterior, conversões de união estável em casamento, pactos de união, casamentos ecumênicos, militares ou alternativos. Sabiam da dimensão desse horizonte? Com Elizabeth Silva é cultura, sempre cultura.

Julio Dias me fez reviver o amor. O amor com a força da amizade, do companheirismo e da cumplicidade entre o casal. Voltei aos meus 21 anos e, com a história de vida de Julio, falando de Deus e não da religião, e de amor sem citar obrigações. Fiquei encantada. Quando celebra o casamento, ele o vivencia junto, acredita no que fala, pois vive esse amor. Tudo voltou para mim: a palavra "juntos", divisão de sonhos, anseios e expectativas. Julio Dias é o celebrante social do amor.

Um enfoque diferente nos traz o celebrante social Rodrigo do Carmo – a legalidade. Os regimes da união, as celebrações de casamento com efeito civil, o casamento civil realizado no cartório, a modalidade do casamento religioso com efeito civil, documentação necessária e exigida em todos os tipos. Existem crimes contra o casamento? Sim. E Rodrigo do Carmo explica perfeitamente quais são. Não deixa de lado um item importante – o contrato com o celebrante social. Aborda, ainda, as normas do cerimonial, adaptadas à solenidade – formas de tratamento, precedência. O momento memorável da troca dos votos merece destaque especial. Rodrigo do Carmo é o celebrante social da legalidade.

Termino ratificando meu reconhecimento. Reconhecimento de que os autores nos entregam uma obra abrangente e profunda, completa e didática, mas, sobretudo, útil e esclarecedora aos estudiosos sempre ávidos de bons livros de referência e de compêndios da matéria. Reconhecimento de que esses mestres não se intimidam frente aos temas que não são – e talvez jamais o sejam – objeto de consenso, tomando para si a responsabilidade de servir de guia e de desbravadores do terreno. Decorrente de profunda pesquisa e experiência, o livro será referência para os que pretendem consagrar-se ou compreender a carreira de celebrante social. Reconhecimento de que, em *Celebração de casamento*, os autores cumprem esse papel com maestria e destemor.

Gilda Fleury Meirelles

Diretora do IBRADEP, Instituto Brasileiro de Desenvolvimento da Comunicação, Capacitação Profissional e Empresarial. Diretora de Comunicação da Academia Brasileira de Cerimonial e Protocolo e Presidente da Delegação do Brasil no Consejo Superior Europeo e Iberoamericano de Doctores Honoris Causa (Barcelona, Espanha)

SUMÁRIO

APRESENTAÇÃO..................9

I - A ATIVIDADE DE CELEBRANTE SOCIAL...............11
ANDERSON AMAURY SILVA

NOMENCLATURA..................14
O QUE É UM CELEBRANTE SOCIAL?..................15
LINGUAGEM..................18
TEMPO DE CERIMÔNIA..................20
QUALIFICAÇÃO: COMO FORMAMOS UM CELEBRANTE?..................21
TÉCNICA DE COMUNICAÇÃO..................22
VALORIZAÇÃO E PRECIFICAÇÃO..................23
QUAL O PREÇO DE UMA CERIMÔNIA?..................24
MERCADO..................25
HISTÓRIA..................26
QUEM PODE SER CELEBRANTE?..................26
AUTORIDADE..................27

II - CERIMÔNIAS..................31
ELIZABETH SILVA

TIPOS DE CELEBRAÇÃO RELIGIOSA DE CASAMENTOS..................34

CELEBRAÇÃO DE CASAMENTOS
AS DIFERENTES TRADIÇÕES CULTURAIS..................36
CELEBRAR - DEFINIÇÃO..................37
LITURGIA – SIGNIFICADO E IMPORTÂNCIA..................37
SÍMBOLOS..................38

ESTRUTURA DE APOIO PARA REALIZAÇÃO DA CELEBRAÇÃO..........39
REALIZAÇÃO DA CERIMÔNIA..........41
CERIMÔNIAS ECUMÊNICAS..........44
CERIMÔNIAS ALTERNATIVAS..........45
CERIMÔNIAS ALTERNATIVAS MAIS REALIZADAS NO BRASIL..........46
CERIMÔNIA/RITUAL DAS AREIAS – DESCRIÇÃO E ROTEIRO..........48

III - A CERIMÔNIA COM EMOÇÃO..........53
JULIO DIAS

VERDADE NAS PALAVRAS..........56
CASAR É BOM..........57
CASAR FORA DO TEMPLO..........58
DO CORAÇÃO AO PROFISSIONAL..........58
PIONEIRISMO E CRIAÇÃO..........59
EQUIPE DE CELEBRANTES..........60
A MULHER CELEBRANDO..........61
O AMOR EM DELÍCIAS..........61
O PODER DO "EU OS DECLARO"..........62
DESENTENDIMENTOS..........63
O QUE OS NOIVOS ODEIAM..........64
A MAIS EMOCIONANTE CERIMÔNIA QUE FIZ..........65
CRISE DE ESTRELISMO..........66
O CONTADOR DE HISTÓRIAS..........66
CELEBRAR É PRECISO..........67

IV - A CERIMÔNIA COM RESPEITO ÀS FORMALIDADES..........71
RODRIGO DO CARMO

O CASAMENTO CIVIL NO BRASIL..........74

OS REGIMES DE BENS NO BRASIL..................74
AS CELEBRAÇÕES DE CASAMENTO COM EFEITO CIVIL..................75
DOS CRIMES CONTRA O CASAMENTO..................78
PRECEDÊNCIA..................79
AUTORIDADES PARTICIPANDO DA CERIMÔNIA DE CASAMENTO..................79
CASAMENTO MILITAR..................81
PRONÚNCIAS..................82
IMAGEM E POSTURA DO(A) CELEBRANTE..................83
MATERIAIS DE TRABALHO..................84
OS VOTOS DE CASAMENTO..................85
CONTRATO DE PRESTAÇÃO DE SERVIÇOS..................86
FORMALIDADES COMPORTAMENTAIS..................88
CONCLUSÃO..................89

V - ÉTICA..................91
ANDERSON AMAURY SILVA, ELIZABETH SILVA, JULIO DIAS E RODRIGO DO CARMO

REFERÊNCIAS..................97

ANEXOS..................99
ANEXO I - DESCRITIVO BÁSICO DE ATIVIDADES..................101
ANEXO II - FORMULÁRIO DE REQUERIMENTO..................103
ANEXO III - TERMO DE CASAMENTO..................104
ANEXO IV - REQUERIMENTO DE REGISTRO..................106
ANEXO V - MODELO DE CERTIDÃO DE CASAMENTO..................107

SOBRE OS AUTORES..................109

AGRADECIMENTOS..................115

APRESENTAÇÃO

ELIZABETH SILVA
IDEALIZADORA, COORDENADORA E COAUTORA DA OBRA

Toda atividade profissional precisa se estruturar em bases que lhe permitam o desenvolvimento consistente e realização plena. Não é diferente com as atividades que envolvem a celebração de casamentos.

Celebrante social é o título dado ao indivíduo, homem ou mulher[1], que exerce a atividade de celebrar casamentos, em caráter profissional. Ele realiza cerimônias, concebendo-as com fundamento tradicional, espiritualizado, ritualístico, étnico, cultural, simbólico ou neutro e, adapta-se ao que o casal desejar, considerando tudo que envolve a celebração, com respeito solene, formalidade protocolar ou representação religiosa. Tem flexibilidade, versatilidade e relativa liberdade de atuação.

Para que o celebrante social esteja alinhado às boas práticas existentes no mercado, ele precisa buscar qualificação, aperfeiçoamento e/ou orientação e se instrumentalizar adequadamente para a prestação desse serviço. A formação profissional requer

---
1 Embora usemos, ao longo do livro, a expressão "o celebrante", no masculino, referimo-nos ao indivíduo, de ambos os sexos, que exerce a profissão de celebrar casamentos.

a definição de posicionamento de mercado, de acordo com o que se pretende realizar em adequação à sua realidade regional e perfil pessoal, passa pelo conhecimento das diversas cerimônias e seus procedimentos, para que seja possível compreender, respeitar e honrar os ritos sagrados estabelecidos social e culturalmente. Ela envolve também o lidar com as emoções, sempre tão afloradas em momentos como o casamento; as emoções fazem parte da natureza humana, permitindo-nos vivenciar momentos de enlevo e bem-estar.

As formalidades, por sua vez, constituem o "porto seguro", pois são compostas de regras e diretrizes que norteiam a conduta do profissional em várias frentes de atuação.

Com a base estruturada, é possível assumir compromissos com padrão profissional, o que dignifica e enobrece aqueles a quem a celebração envolverá no seu mais elevado sentido: sacramentar a união de duas pessoas.

A união harmoniosa de quatro parceiros — Anderson Amaury Silva, Elizabeth Silva, Julio Dias e Rodrigo do Carmo — resultou neste livro, cujo principal objetivo é inspirar e iluminar os caminhos dos noivos, daqueles que pretendem celebrar casamentos, dos que já são celebrantes sociais e de quem atua na área de eventos, zelando pelo sentimento mais sagrado que existe entre os seres que se unem em matrimônio: o AMOR.

CAPÍTULO I
A ATIVIDADE DE CELEBRANTE SOCIAL

ANDERSON AMAURY SILVA

CAPÍTULO I
A ATIVIDADE DE CELEBRANTE SOCIAL

ANDERSON AMAURY SILVA

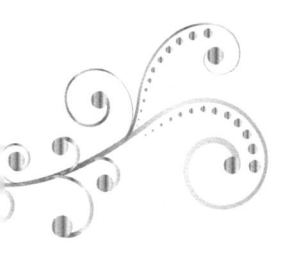

Quando você ouviu a palavra "celebrante" pela primeira vez deve ter se perguntado: é padre? É pastor? É juiz de casamento?

O senso comum nos leva a imaginar o celebrante como alguém ligado a alguma religião, qualquer que seja ela, talvez porque associemos a celebração com o sacramento do casamento, diretamente ligado à religião. Podemos pensar também naqueles senhores ou senhoras que nos recebem no cartório para dizer algumas palavras na assinatura da ata de casamento.

No Brasil, o mercado de fornecedores para casamento sempre ofereceu alimentação, decoração e organização. Porém, com seu desenvolvimento, a criatividade foi ganhando espaço e esse mercado foi se ampliando. Cada vez mais, os casais foram colocando sua personalidade nos detalhes da própria festa, com guardanapos, talheres, fotos, salões decorados com flores variadas, música ao vivo, artistas fazendo *performances* surpreendentes, pirotecnia, tecnologia e até robôs dançarinos. É um mercado cheio de oportunidades de trabalho, em constante ampliação, mesmo em períodos de crise financeira.

Certo dia alguém parou para pensar na cerimônia de casamento – nos ritos, juras e votos trocados perante os convidados – e resolveu inovar. Entendendo a pessoalidade do momento e o desejo dos noivos, mudou músicas, entradas e também a forma de transmitir a mensagem aos envolvidos, dando novas perspectivas e diferentes olhares para a celebração do casal e aos seus convidados.

As tradições dos casamentos religiosos nas diferentes culturas – seus ritos, suas lições, suas crenças – são lindas e extremamente vivas. Mas, mesmo com toda a tradição, as novas formas de ver a vida e as transformações da sociedade nos trazem novas visões sobre os ritos que envolvem o casamento.

Todas essas mudanças geraram uma atividade profissional que passou a ser chamada, contemporaneamente, de celebração social de casamentos.

O celebrante social é o profissional que cria uma *performance* para conduzir cerimônias especialmente adequadas à dualidade ou à ausência de religião, valorizando a personalidade e a forma de pensar do casal; nesses casos, acata-se uma linguagem neutra, fora de tradições religiosas. Trata-se de uma mudança na forma de comunicar o sentimento do casal, falando sobre felicidade, amor, cumplicidade e união, sob a ótica dos noivos. É uma mudança na forma de falar em uma cerimônia de casamento.

> O CELEBRANTE SOCIAL É O PROFISSIONAL QUE CRIA UMA PERFORMANCE PARA CONDUZIR CERIMÔNIAS ESPECIALMENTE ADEQUADAS À DUALIDADE OU À AUSÊNCIA DE RELIGIÃO, VALORIZANDO A PERSONALIDADE E A FORMA DE PENSAR DO CASAL.

NOMENCLATURA

A nomenclatura "celebrante social de casamentos" começou a ser usada de maneira mais acentuada a partir de julho de 2016.

Percebendo a confusão entre as funções exercidas pelos vários profissionais de eventos, um grupo de profissionais desse mercado, entre eles mestres de cerimônias, apresentadores, celebrantes, cerimonialistas e organizadores de casamentos, se posicionou a respeito da nomenclatura.

Esse grupo fez parte do movimento conhecido por "Novo Cerimonial", criado em 2015, do qual tive a grata satisfação de ser um dos fundadores, juntamente com outros nomes conhecidos no mercado.

A nomenclatura foi muito bem aceita e contempla adequadamente o tema, afinal, o celebrante social é aquele que, além de conduzir as cerimônias sociais, ainda as cria e escreve seus textos para, juntamente com os envolvidos, celebrar aquele momento.

Ainda hoje os celebrantes sociais são confundidos com cerimonialistas ou mestres de cerimônias, mas isso vem mudando com o desenvolvimento do mercado de casamentos.

O QUE É UM CELEBRANTE SOCIAL?

O celebrante social para casamentos nada mais é que um tradutor de sentimentos, um porta-voz, um mensageiro de uma história que não é dele. Ele é um condutor de acontecimentos, cuidadoso com as palavras, com os gestos e com a voz, que celebra o encontro de duas pessoas em uma cerimônia única e totalmente exclusiva, que pode conter ritos, simbólica ou simplesmente afetiva, enaltecendo o romantismo, a afetividade, a descontração e a leveza.

Então, o que difere o celebrante social dos celebrantes religiosos e dos juízes de paz?

O que os difere é o fato de o celebrante social não falar de religião e de dogmas, nem aplicar as leis de registro civil ao casal. Sua lei e sua literatura estão na história do casal, no sentimento que une as pessoas, no compartilhar desse sentimento entre noivos, familiares e amigos. A celebração está nesse conjunto de afetos e de sentimentos.

> O CELEBRANTE SOCIAL DE CASAMENTOS NÃO FALA DE RELIGIÃO NEM APLICA AS LEIS DE REGISTRO CIVIL AO CASAL.

Nas celebrações de um celebrante social não devem ficar evidenciadas as suas crenças, mas, sim, a força maior, a história do casal, sua filosofia de vida e seus desejos. O celebrante social usa suas habilidades de comunicador e ser humano e sua sensibilidade para criar cerimônias a partir do jeito peculiar que cada casal tem de ver a vida. Para isso, ele precisa acreditar no casal, e o casal precisa acreditar nele. É preciso haver confiança. Quem define a ação do celebrante, seu trabalho e seu papel são os noivos. O celebrante respeita os anseios do casal para sua própria cerimônia e o seu poder de escolha a esse respeito.

O celebrante, acima de tudo, deve acreditar nos sentimentos humanos e usar sua voz, sua postura e sua aparência pessoal para trazer beleza e emoção ao momento da cerimônia. Seu trabalho deve ser pautado pelo conhecimento acerca das celebrações, pela naturalidade, pelo poder de síntese e pelo vocabulário mais adequado para criar uma celebração leve e verdadeira.

De fato, ele não é protagonista de uma cerimônia de casamento, embora seja uma figura importante. A separação aqui é tênue – o celebrante não deve ser o alvo da cerimônia, mas apontar para o alvo. Então, ele não deve impressionar, seja com a voz, com a roupa, ou com o ritual, mas organizar a cerimônia, com os afetos e sentimentos envolvidos, em um discurso completo, definido, claro, dinâmico, interativo, envolvente, leve, e, principalmente, com começo, meio e fim.

O celebrante é a mistura da razão e da emoção. Relata fatos importantes, que certificam e valorizam aquele momento, e deve fazê-lo com energia cativante, força, sensibilidade, felicidade, empatia e organização. Para isso, se vale de técnicas de comunicação e expressão corporal que possam atingir a todos os envolvidos e dar à cerimônia o ar com o qual o casal tanto sonhou.

Apesar de uma bonita cerimônia ser capaz de envolver e emocionar os presentes, todo o enlevo se deve às reações das pessoas ao modo como o celebrante conduz a cerimônia. Ou seja, o encantamento está nos sentimentos ali envolvidos, que são tocados pelo celebrante e pela leitura que ele faz do casal e do público presente. Sua percepção e seu olhar atento facilitam o envolvimento. Ele é o porta-voz de tudo o que o casal – protagonista da cerimônia – quer falar a suas famílias e convidados, mas, muitas vezes, não sabe como. A responsabilidade do celebrante é receber e transmitir esses sentimentos para a família. Ele não leva para a cerimônia o que ele acredita, o que ele acha certo, apenas reverbera os sentimentos do casal.

Assim, se o casal em questão é extremamente romântico e apaixonado, o celebrante usará essas características para envolver todos os presentes e romantizar a cerimônia por meio de algo como um texto que conte como o casal se apaixonou, com detalhes do pedido de namoro e do noivado, falando da importância do romance para os dois. Se, por outro lado, o casal leva a vida e o relacionamento com leveza e bom humor, o celebrante usará a dose certa de bom humor e leveza, para criar uma cerimônia divertida que terá como ponto de partida a história do casal e não piadas clichês. Já um casal mais introspectivo exige que o celebrante trabalhe as palavras certas, na dose certa, na linha do "menos é mais". Para um casal mais família, por fim, o celebrante pode enaltecer a afetividade familiar, o cuidado paternal, o zelo da mãe e a união dos amigos.

Um dos segredos de uma bela cerimônia está na capacidade de escrever textos narrativos, descritivos, poéticos e, por vezes, expositivos, que servirão de guia para que a cerimônia aconteça da forma planejada. Além disso, vale notar que é possível criar cerimônias interativas, das quais os familiares façam parte, trazendo mensagens, histórias, canções e símbolos que contemplem o casal e sua história.

Cabe ao celebrante fazer uma leitura de perfil do casal, escutando-o e ajudando-o a deixar aflorar os sentimentos.

LINGUAGEM

Na profissão de celebrantes, precisamos falar de naturalidade. Muitos de nossos colegas atuavam como locutores, mestres de cerimônias, animadores, e trouxeram o formato da comunicação – a voz empostada e, de certa maneira, forçada – para as celebrações. Celebrar casamentos não é palestrar, locucionar, pregar ou ofertar produtos. É, sim, conversar como se estivéssemos entre pessoas próximas e queridas, como se o celebrante fizesse parte da família – e faz, pelo menos durante os minutos que dura a cerimônia. Por isso, ele fala com naturalidade, pureza e verdade. Naturalidade denota segurança e envolvimento com o momento.

Modismos e clichês não fazem parte do trabalho do celebrante. Ele deve ir além, escutando, verdadeiramente, os noivos. Quanto mais souber da história do casal, mais preparado estará para escrever a cerimônia. Ainda assim – e isso é importantíssimo – o celebrante não deve expor seus clientes, citando fatos ou histórias que possam constrangê-los ou causar emoções negativas.

> CELEBRAR CASAMENTOS NÃO É LOCUCIONAR, MAS CONVERSAR, COMO ENTRE PESSOAS PRÓXIMAS E QUERIDAS. MODISMOS E CLICHÊS NÃO FAZEM PARTE DO TRABALHO DO CELEBRANTE.

Por exemplo, por que citar que os noivos são divorciados e vêm de relacionamentos anteriores? Ou que ele/ela namoravam quando se conheceram? Ou citar coisas relacionadas à família "perfeita", se os pais do casal são divorciados e sequer conversam entre si? Por que contar sobre tristes perdas em acidentes horríveis, se estamos em um casamento, um momento festivo? O celebrante precisa ser inteligente e criativo.

Para exemplificar, apresentarei um episódio que aconteceu comigo. Um casal, certa vez, me fez um pedido inusitado: o noivo havia perdido a mãe e a noiva, o pai. Eles queriam homenageá-los na cerimônia, mas sem falar de morte. Diante da dificuldade de fazer isso, estudei bastante o assunto e, conversando com um amigo celebrante, ouvi dele a seguinte frase: "As pessoas deixam de viver com a gente e passam a viver na gente!". Gostei dela, mas ainda faltava algo. Continuei a busca, até que achei algo incrível, que falava sobre como olhar para o amado(a). Tive, então, um *insight* e uni as mensagens:

> Não quero mais me ver com meus olhos, mas, sim, com os olhos dele ou dela. Porque neles eu sei que sou o homem ou a mulher mais espetacular que existe. Exceto talvez, o pai dela ou a mãe dele. Pessoas admiráveis em que inspiramos nossos corações para nos apaixonarmos. O cuidado de um pai deve ser refletido no zelo de um esposo atencioso. O amor e o carinho de uma mãe são reflexos de uma esposa amorosa e dedicada. Isso, sim, é amar sempre, pois as pessoas deixam de viver com a gente e passam a viver na gente, o quanto a gente desejar que vivam.

Durante a cerimônia, pedi que o casal ficasse um de frente para o outro, segurassem as fotos do pai e da mãe, que estavam na mesa de celebração, enquanto eu falava aquelas palavras. As emoções suscitadas foram muito intensas!

Outro exemplo foi uma cerimônia que escrevi para um colega celebrante. O casal estava grávido e gostaria de citar o filho na cerimônia. Em conjunto com o colega, escrevi o texto como se fosse o filho celebrando a cerimônia dos pais. Para estimular a imaginação, pedi ao colega que levasse para a cerimônia, em uma caixinha decorada, um par de sapatinhos de tricô e que iniciasse a cerimônia dizendo: "Papai, mamãe, eu sei tudo sobre vocês. O papai é hiperatrapalhado e ama música sertaneja. Já você, mamãe, é a inteligência...". A cerimônia foi toda descrita como se o bebê que estava a caminho estivesse conversando com o casal. Ficou linda e o celebrante destacou-se pela interpretação do texto.

Nem todos os celebrantes têm disposição para entender os noivos. Muitos pegam poesias ou textos de *internet* e meramente fazem a leitura. Reconheço que eu mesmo fiz isso inúmeras vezes, até entender o propósito de ser celebrante. Quando entendi isso, minha carreira mudou muito. Os noivos passaram a me escolher como celebrante sem se preocuparem com o preço que cobro, mas atentos ao valor que posso agregar à cerimônia.

Um celebrante social vai muito além das palavras. Às vezes nem as usa, apenas deixa o silêncio e o momento falarem.

TEMPO DE CERIMÔNIA

Um celebrante social para casamentos deve sempre compreender que menos é mais, inclusive no que diz respeito ao tempo que ele usa para fazer seu trabalho. Passando pelo princípio de que bons discursos são discursos curtos, recomendo sempre uma cerimônia que dure, em sua totalidade, cinquenta (50) minutos. Podemos acrescentar a esse tempo o cortejo de honra e os protocolos da cerimônia. Ou seja, a entrada dos envolvidos, como padrinhos, família, pajens e noivos.

> UM CELEBRANTE DE CASAMENTOS DEVE COMPREENDER QUE MENOS É MAIS. BONS DISCURSOS SÃO DISCURSOS CURTOS, COM COMEÇO, MEIO E FIM.

O discurso de um celebrante não deve ultrapassar 20 a 30 minutos, pensando na sequência de etapas básicas a seguir:

- 7 minutos para entrada do cortejo;
- 3 minutos para acolhida (mensagem inicial);

- 10 minutos para mensagem de reflexão (história do casal e mensagem);
- 5 minutos para a troca de votos e alianças;
- 3 minutos para encerrar a cerimônia;
- 5 minutos para os cumprimentos;
- 7 minutos para a saída do cortejo.

Somando essas etapas, temos 40 minutos, em um conjunto agradável, com 20/25 minutos para o discurso e a condução da cerimônia pelo celebrante. Lembramos que podem ser inseridas outras etapas, descritas no capítulo II deste livro.

QUALIFICAÇÃO: COMO FORMAMOS UM CELEBRANTE?

Não há alternativa em nosso mercado senão recorrer a quem tem trabalho para mostrar, ou seja, conhecer quem tem histórico de celebração. Por isso, alguns celebrantes oferecem cursos de qualificação.

Sempre afirmo que não existe aluno ruim, mas mestre, sim. Com o destaque da atividade de celebrante social, cresceu o número de cursos e oficinas que dizem levar qualificação aos profissionais de eventos. Isso é natural dentro de um mercado aberto e livre. Muitas vezes o "faço assim e funciona" vira curso, oficina, *workshop* e, na maioria das vezes, as diretrizes e a normatização ficam de lado.

Uma coisa é ser profissional, ser celebrante. Outra é ser docente, professor, instrutor e ensinar o que se sabe fazer. É absolutamente normal e natural que motivações profissionais levem alguém a encabeçar uma palestra ou criar um curso, afinal, com os *feedbacks* positivos e a agenda lotada, o profissional que se sente apto a discutir ou dialogar sobre o que faz logo pensa em montar seu curso. Mas, para quem está buscando qualificação, como escolher entre tantas opções?

Primeiro é preciso observar o grau de generosidade desse professor, pois ensinar é fazer a diferença na vida das pessoas, é oferecer seus segredos e suas ferramentas aos alunos, orientando-os, direcionando-os e corrigindo-os. Não há fórmulas mágicas para o sucesso e é fundamental mostrar a realidade do mercado de casamentos – uma realidade extremamente competitiva e, algumas vezes, difícil para quem está começando.

Para ensinar, é necessário, além da generosidade de que já falamos, da consistência, da vivência e do traquejo, muita habilidade não só com as palavras e com o discurso, mas com o ato de ensinar em si, ou seja, de perceber as dificuldades dos alunos e oferecer a eles maneiras de saná-las.

Por isso, se você deseja aprender a atividade de celebrante social de casamentos, procure quem é celebrante. Procure quem já é referência na área de celebrações, tem bagagem e mostre que sabe fazer. Observe as técnicas, a forma de criar, a forma de falar, o posicionamento do professor e as referências que o mercado dá sobre ele. Observe também a proposta do curso. Essa é a maneira mais segura de encontrar um bom curso de qualificação.

TÉCNICA DE COMUNICAÇÃO

Como já dissemos, celebrar um casamento não é fazer uma palestra, locucionar ou propagar um produto, mas falar com a naturalidade de uma conversa em família.

Em diversas oficinas, cursos e palestras, profissionais falam sobre celebrar o amor, falar com o coração e gostar do que se propõe a fazer. Tudo isso é bom, mas, sem técnica, não funciona.

> FALAR COM O CORAÇÃO E GOSTAR DO QUE SE FAZ É ÓTIMO, MAS NÃO BASTA PARA SER CELEBRANTE. É PRECISO TÉCNICA.

Para ser celebrante social é preciso ser bom comunicador e usar técnicas de comunicação. Para isso, é fundamental o autoconhecimento:

você precisa conhecer sua voz e seus hábitos de comunicação verbal e não-verbal. Antes de usar a emoção, tem que aprender a falar, a se comunicar, isso envolve aquilo que você fala sem falar propriamente.

Assim, cursos de interpretação, de gramática da Língua Portuguesa e de outras línguas fazem diferença. Também é fundamental melhorar a sua voz, sem precisar forçá-la ou torná-la artificial. Para isso existem os fonoaudiólogos, que podem ajudá-lo com exercícios de aquecimento e preparação vocal, os professores de oratória e de comunicação e os *coaches* de voz, profissionais que podem nos ajudar a afiar nossas ferramentas, eliminando nossos vícios de comunicação verbal e não-verbal.

Isso significa que um celebrante social nunca deixa de estudar, está em constante aprendizado e em constante mudança para o bem do mercado. Ele precisa estar aberto ao novo, mesmo quando parece insano, pois insano é continuar fazendo as mesmas coisas esperando resultados diferentes.

Lembre-se de que identidade e perfil não se fabricam, mas se lapidam!

VALORIZAÇÃO E PRECIFICAÇÃO

O celebrante social é o profissional coadjuvante da cerimônia. Os noivos são os protagonistas. São eles que escolhem seus celebrantes e suas cerimônias.

Celebrantes sociais vendem cerimônias lindas, incríveis, exclusivas e personalizadas, verdadeiras experiências únicas, mas sempre cerimônias. Esse é seu trabalho e seu negócio. O processo criativo de elaborar essas cerimônias exige tempo de dedicação, pesquisa e escolhas de textos, mensagens e abordagens. Essa é uma arte que precisa de valorização, e essa valorização será dada pelo próprio celebrante, por meio do seu posicionamento.

QUAL O PREÇO DE UMA CERIMÔNIA?

Nosso mercado oferece preços os mais variados possíveis – de R$ 200,00 a R$ 15.000,00. E o preço a ser pago também é escolha dos noivos.

Lembre-se que o celebrante não vende sua fala ou seu tempo, mas a experiência de uma cerimônia emocionante, a arte de encantar. Isso lhe dá o direito de precificar seu trabalho pensando não apenas nos 30 minutos de duração de uma cerimônia, uma vez que sua preparação é anterior aos momentos de celebração. Trata-se de um produto/serviço intangível, que não pode ser tocado, mas apenas sentido.

> O CELEBRANTE NÃO VENDE A SUA FALA OU O SEU TEMPO, MAS A EXPERIÊNCIA DE UMA CERIMÔNIA EMOCIONANTE, A ARTE DE ENCANTAR.

Em conjunto com colegas da área de eventos, realizei uma pesquisa com profissionais de assessoria e cerimonial para determinar um parâmetro de preços nacionalmente válido, que sirva para profissionais iniciantes se pautarem eticamente em relação aos colegas experientes. Chegou-se ao valor médio de R$ 1.500,00 para cerimônias realizadas dentro de padrões mínimos de qualidade, na mesma cidade. Custos com deslocamento para outras cidades e estados devem ser considerados à parte.

Para adotar uma precificação justa é importante fazer uma soma simples do investimento que o celebrante tem com ele mesmo para a execução de uma cerimônia, entre eles:

- **Combustível, locomoção, transporte e estacionamento;**
- **Roupas, lavanderia, sapato e custos pessoais;**
- *Internet*, **celular, escritório, papelaria, luz e água;**

- Maquiagem, cabelo, barba e cuidados pessoais;
- Qualificação, como cursos, oficinas, *workshops* e feiras;
- *Marketing* e redes sociais;
- Comunicação de sua marca;
- Contador e custos de empresa (se tiver);
- Tempo de criar, escrever, pensar na cerimônia;
- Reuniões extras, se precisar;
- Reuniões de visita técnica;
- Lucro.

A remuneração média mensal de um celebrante renomado fica na casa dos seis dígitos, em meses com muitos casamentos, ou seja, na média anual, consegue-se uma boa remuneração. É preciso ter em mente que trabalhar com qualidade valoriza não apenas seu trabalho, mas também o mercado. E isso acaba revertendo em remuneração ainda melhor para todos.

Há cursos na *internet* que afirmam proporcionar ao celebrante social a possibilidade de um ganho mensal ilusório. É necessário ter cuidado com promessas mirabolantes e desenvolver a consciência de que o celebrante social constrói a sua forma de trabalhar, vender e ser remunerado.

Outro grande cuidado é referente ao efeito civil do casamento, tema abordado no capítulo IV deste livro. É preciso conhecimento e estudo para o celebrante poder oferecer cerimônias com efeito civil, sem ferir a lei.

MERCADO

O mercado de celebração social de casamentos está em crescimento absoluto. Em muitas regiões ainda se estabelece a ligação entre essa atividade profissional e a religião, mas, aos poucos, as oportunidades vão surgindo, com base no posicionamento dos celebrantes sociais e na forma como eles oferecem seus serviços profissionais.

Há também artistas que estão se tornando celebrantes, emissoras de televisão que estão colocando em sua programação essa nova forma de celebrar casamentos, destacando, assim, a nossa atividade profissional. Colegas já bem-conceituados trabalham em cerimônias muito exclusivas, como é o caso do *elopement wedding*, que é nada mais é do que um casamento a dois. O celebrante é escolhido a dedo e dá uma conotação muito íntima à celebração.

O que o mercado precisa é conhecer mais a fundo essa vocação e colaborar com a valorização da mesma. Tanto eu quanto os outros autores deste livro esperamos que estas páginas colaborem com isso.

HISTÓRIA

O movimento histórico e a atividade do celebrante tiveram início na Austrália, em 1973. A iniciativa foi do procurador geral Lionel Murphy. Para se casar, optava-se por uma cerimônia religiosa ou por uma cerimônia registrada para fazer valer a lei. Murphy abriu caminho para novas formas de celebração e, com o avanço da liberdade de escolha, o número de celebrantes cresceu, desvinculado de questões religiosas. Com essa liberdade, cada país foi formatando as opções de celebrações e os celebrantes foram surgindo para contemplar as diferentes formas de pensar e expor os sentimentos das pessoas.

Não foi diferente no Brasil, onde o pioneirismo de alguns celebrantes ajudou a consolidar a profissão de celebrante social de casamentos.

QUEM PODE SER CELEBRANTE?

Como vimos, o celebrante atua na cerimônia de casamento, celebrando o evento e marcando a união dos noivos. Esse papel pode ser exercido por:

- **Juiz de casamento (ou juiz de paz):** normalmente atende especificamente a região do seu cartório;

- Ministro religioso: pertence a uma religião específica (padre, pastor, rabino, etc.) e costuma seguir o roteiro predefinido por ela;
- Celebrante ecumênico: celebra o casamento com o encontro de religiões distintas;
- Celebrante social: sem vínculo com religiões ou crenças, realiza cerimônias personalizadas, podendo ou não seguir alguns rituais simbólicos para evidenciar o significado e a importância de cada momento.

Historicamente, anciões ou líderes religiosos eram normalmente escolhidos para a tarefa de celebrar casamentos. Na prática, qualquer pessoa com certa capacidade de observação, liderança ou sabedoria de vida pode fazê-lo, desde que tenha reconhecida autoridade para isso. Veremos o que isso significa na próxima seção.

AUTORIDADE

Antes de qualquer conhecimento técnico, o celebrante social precisa se conhecer e identificar o seu perfil profissional. Qual a sua formação? Que tipo de cursos de graduação, técnicos e/ou livres já fez? Já é locutor, jornalista ou comunicador? Já está acostumado a falar em público?

Em seguida, o profissional precisa ter conhecimento e consciência das regras, normas e protocolos, ou seja, da hierarquia e da ordem a seguir em cada cerimônia ou celebração pela qual é responsável e por que elas são necessárias e importantes. Isso se chama autoridade profissional.

> AUTORIDADE PROFISSIONAL É TER CONHECIMENTO DAS REGRAS, NORMAS E PROTOCOLOS A SEGUIR EM CADA CERIMÔNIA OU CELEBRAÇÃO.

Para isso, é necessário estudar cerimonial, ou seja, entender as sequências, as etapas e os formatos de um evento social. De nada adianta desejar celebrar um casamento e não conhecer as religiões e seus sacramentos, seus ritos, suas visões e a história das cerimônias de casamento. No capítulo II deste livro, você vai encontrar conteúdo consistente sobre esse tema.

Estude também a legislação civil, entenda que o celebrante social não é juiz de paz, nem juiz eclesiástico, nem pastor, nem ministro religioso. Ele pode se tornar qualquer um deles, mas isso é diferente de ser um celebrante social. No capítulo IV deste livro, terá mais detalhes sobre esse tema.

Sua atuação no mercado pode lhe dar a medida de sua autoridade profissional. Por isso, nunca deixe de analisar se a sua comunicação tem sido bem-feita e se, nas celebrações, a mensagem tem chegado a seus interlocutores (noivos e convidados). Reflita sobre se você se sente bem com o que faz e se consegue vender isso a seus clientes. Verifique se eles o têm contratado e indicado os seus serviços, se novos pedidos de propostas comerciais têm surgido, se os clientes demonstram curiosidades sobre sua *performance* e se as pessoas o estão seguindo nas redes sociais.

Não deixe de analisar também se você está falando a língua do mercado, acompanhando as tendências e apresentando-as a seus clientes. É importante também saber se você está praticando valores saudáveis em comparação com seus concorrentes e se sua busca por aprimoramento se mantém constante. Quem são seus mentores? Que tipo de cursos, oficinas e aulas você tem feito?

Lembre-se: a autoridade é uma questão de posicionamento.

Por fim, tenha em mente que ninguém faz nada sozinho e o mercado de casamentos já tem uma história muito consistente. Há associações, entidades, normas (algumas já formatadas pela ABNT – Associação Brasileira de Normas Técnicas), leis vigentes e projetos a fim de regulamentar cada vez mais o nosso mercado.

É fundamental que o celebrante social participe de encontros de classe, conheça os profissionais que são referência em sua região e ajude a solidificar esse mercado para que todos os profissionais que nele atuam sejam qualificados, valorizados e tenham suas funções regulamentadas.

CAPÍTULO II
CERIMÔNIAS
ELIZABETH SILVA

CAPÍTULO II
CERIMÔNIAS

ELIZABETH SILVA

Casamento é a união voluntária entre duas pessoas, formando um vínculo conjugal com base nas condições dispostas pelo direito civil brasileiro.

No âmbito religioso, a maioria das religiões destina o casamento a casais heteroafetivos (um homem e uma mulher), porém, aos poucos, algumas igrejas têm mudado suas regras e aceitado abençoar uniões homoafetivas. Da mesma forma, em cada cultura o casamento tem características particulares e significados distintos. Em algumas, por exemplo, pode ser poligâmico, ou seja, a união de um indivíduo com mais do que um cônjuge.

Seja como for, na maioria das culturas a celebração de um casamento religioso é a realização de um ato sagrado.

A palavra sagrado é um adjetivo cuja origem está no latim *sacratus*, que significa consagrar ou sagrar; é dedicado a tudo que é digno de respeito, independentemente do quanto se pode compreender sobre os significados.

O celebrante que sabe respeitar o que é sagrado aos casais e famílias consegue se conectar mais assertivamente com eles e realiza um bom trabalho. O sagrado permite entrarmos em sintonia com o outro. A união, a comunhão e o entendimento pleno acontecem em torno do que é sagrado. Por isso, afirmamos que celebrar é uma missão sagrada.

Para cumprir essa missão, é importante que estejamos preparados para entender e lidar com distintas situações que englobam os casamentos civis e religiosos e, ainda, as situações específicas que, embora menos comuns, precisam ser igualmente respeitadas e conduzidas. Não deixe, portanto, de se informar sobre casamentos no exterior, conversões de união estável em casamento, pactos de união, casamentos ecumênicos (que envolvem mais de uma religião), casamentos militares, homoafetivos ou alternativos.

> É IMPORTANTE QUE O CELEBRANTE ESTEJA PREPARADO PARA ENTENDER E LIDAR COM DISTINTAS SITUAÇÕES QUE ENGLOBAM OS CASAMENTOS CIVIS E RELIGIOSOS E, AINDA, AS SITUAÇÕES ESPECÍFICAS QUE, EMBORA MENOS COMUNS, PRECISAM SER IGUALMENTE RESPEITADAS E CONDUZIDAS.

TIPOS DE CELEBRAÇÃO RELIGIOSA DE CASAMENTOS

AFRO-BRASILEIRAS: celebrado por um sacerdote — um babalorixá (pai de santo) ou uma yalorixá (mãe de santo) — que recebe uma entidade espiritual, geralmente um caboclo ou um baiano. Os noivos costumam usar trajes de cor branca e ficam descalços.

BUDISTA: os noivos entram e caminham juntos até a imagem de Buda que fica no altar, seguidos pelos padrinhos. Os padrinhos se posicionam atrás do casal, nunca atrás de Buda. A cerimônia é realizada por um oficiante (homem ou mulher) e anunciada por vários toques de sino. A cada toque, todos reverenciam a imagem de Buda. O casamento budista realizado no Brasil, com fundamento no Zen Budismo, adotou vários costumes da Igreja católica, como, por exemplo, a decoração floral no altar e o vestido branco para as noivas.

CATÓLICO ORTODOXO: celebrado por um sacerdote, no ritual autêntico a cerimônia é cantada, em grande parte do tempo, por cinco padres, em três línguas: português, grego e árabe. Em seguida, vem a coroação, que é o momento em que os noivos são consagrados um ao outro. Há muitas tradições, conservam muitos costumes e cada elemento usado na cerimônia tem uma simbologia específica.

CATÓLICO ROMANO: celebrado exclusivamente em igrejas, pelo padre da própria paróquia frequentada pelos noivos, ou de outra, com a devida autorização. O casamento é um dos sacramentos da religião e, por isso, deve ser obrigatoriamente realizado na igreja. As mensagens e orações são inspiradas ou retiradas da Bíblia, o livro sagrado para os católicos.

ESPÍRITA: sem ritos específicos, normalmente são feitas orações com alguma mensagem espírita. O espiritismo reconhece o casamento civil como o evento formal e solene para quem segue esta doutrina, uma vez que há o entendimento de que as leis humanas mudam de acordo com os tempos, lugares e evolução intelectual e espiritual.

EVANGÉLICO: celebrado por um pastor, na presença da comunidade. Como há diferentes correntes religiosas dentro do que costumamos entender como Igreja Evangélica, há diferentes preceitos, dogmas e ritos. Em geral, o casamento, nas religiões evangélicas, é visto como uma instituição divina e valoriza a família tradicional. As mensagens e orações também se baseiam na Bíblia, embora possa haver alguma diferença entre versões das bíblias evangélicas entre si e entre elas e a bíblia católica.

ISLÂMICO OU MUÇULMANO: o casamento islâmico se estabelece como um contrato entre um homem, uma mulher e um guardião. É considerado um acordo legal, regulado por preceitos religiosos muito rígidos e costumes tradicionais. O livro sagrado dos muçulmanos é o Alcorão.

JUDAICO: as tradições judaicas são repletas de simbologias preservadas e transmitidas de geração em geração. Existem práticas regionais distintas, mas os rituais são emocionantes, fazem referência à Torá e se sustentam por algumas metáforas importantes na consolidação dos valores sagrados para os judeus. Para as celebrações tradicionais, realizadas em templos religiosos, normalmente existem regras, protocolos e diretrizes rigorosos a serem seguidos.

IMPORTANTE

Nesses casos, é necessário saber o que orienta a religião específica do templo em que a celebração será realizada, principalmente quem será o responsável por ela.

CELEBRAÇÃO DE CASAMENTOS
AS DIFERENTES TRADIÇÕES CULTURAIS

A religião é parte importante da cultura, mas a celebração de um casamento, muitas vezes, ultrapassa as questões religiosas e responde a questões culturais. Assim, além dos ritos específicos das religiões, há outros que dizem respeito a aspectos culturais que precisam ser considerados.

Cada povo tem suas formas de celebrar os casamentos, é importante que o assessor ou o celebrante se informe sobre todas elas, para entender como funcionam e assegurar que sejam realizadas da maneira recomendada pelo protocolo e/ou desejada pelo casal. Por isso, além dos exemplos citados, vale a pena conhecer as celebrações chinesas, os costumes e ritos Hare Krishna e as tradições japonesas, entre muitas outras.

É IMPORTANTE QUE O ASSESSOR E O CELEBRANTE CONHEÇAM AS FORMAS DE CELEBRAR DE CADA POVO, BEM COMO A ORIGEM DOS NOIVOS E SUA MOTIVAÇÃO PARA ESCOLHER DETERMINADO TIPO DE CELEBRAÇÃO.

É igualmente importante conhecer a origem dos noivos e a motivação deles para escolher determinado tipo de celebração. Às vezes há questões de ancestralidade envolvidas, que não devem ser ignoradas e cujos rituais devem ser seguidos à risca. O mesmo vale para a regionalidade dos ritos, que variam bastante em função da geografia e da história de determinados locais.

CELEBRAR – DEFINIÇÃO

Celebrar significa tornar célebre, valorizar, engrandecer. O ato de celebrar pode ser aplicado a pessoas ou acontecimentos. Pelos costumes sociais, celebramos por meio de aplausos, cantos ou felicitações. Colocamos em destaque os aniversariantes ou homenageados e lhes demonstramos aceitação, sentido de pertencimento, alegria, afeto e amizade. Celebramos a sua vida, a sua história, suas conquistas e até superações de adversidades.

LITURGIA – SIGNIFICADO E IMPORTÂNCIA

Liturgia é uma palavra de origem grega, cujo significado é serviço público, uma obra realizada em benefício do povo. A Igreja assumiu e aplicou o termo no sentido de serviço divino, serviço religioso e ritual.

Quando falamos de liturgia, referimo-nos tanto ao agir de Deus em nosso favor, quanto ao nosso agir comunitário dirigido a Deus, pois o princípio da divindade propõe a concepção de dois movimentos, um ascendente e outro descendente – de nós para Deus e de Deus para nós.

Liturgia é a combinação, em harmonia, de ritos, protocolos e cerimônias relativos aos serviços divinos das igrejas cristãs. A religião católica deu base para influenciar muitas celebrações de casamento, especialmente por suas diretrizes litúrgicas e solenes.

Fora dos templos, onde a maior parte dos profissionais de celebração atua, as celebrações podem ser personalizadas e customizadas com relativa flexibilidade e liberdade, de acordo com vários fatores que atendem às expectativas de casais e famílias e com o perfil do casamento, principalmente do local.

Nesses casos, e mesmo em algumas crenças, ao invés de liturgia, o conjunto de protocolos similares denomina-se ritual.

> LITURGIA É A COMBINAÇÃO DE RITOS, PROTOCOLOS E CERIMÔNIAS RELATIVOS AOS SERVIÇOS DIVINOS DAS IGREJAS CRISTÃS. EM CERIMÔNIAS ALTERNATIVAS, E EM ALGUMAS RELIGIÕES, ESSE CONJUNTO DE PROTOCOLOS É CHAMADO DE RITUAL.

SÍMBOLOS

Os símbolos usados na celebração permitem uma conexão integrada com nossos sentidos (visão, audição, tato, gosto e olfato) e nos transportam para uma realidade mais enlevada e significativa, abrindo nossos canais sensoriais e emotivos.

Os elementos (objetos) utilizados em uma cerimônia servem para envolver os participantes em comunhão ou harmonia plena. Os símbolos se alinham na cerimônia de modo a direcionar cada momento e cada protocolo para a validação dos vínculos matrimoniais. Eles enriquecem a celebração e expressam os valores que se pretende consolidar.

Em atos simbólicos expressamos significados por meio de imagens, objetos e gestos. Símbolos religiosos estão relacionados com nossas crenças. Outros símbolos estão associados com tradições culturais, costumes familiares, diversificação de valores e com particularidades individuais.

No matrimônio religioso, a aliança é um dos símbolos mais importantes, pois representa a ligação física e espiritual entre as duas pessoas que se casam. É um símbolo tão forte que foi incorporado às cerimônias sem caráter religioso, em cerimônias alternativas e até em cerimônias particulares, nas quais o casal faz um pacto de união, com a troca de alianças, sem a presença de um celebrante ou de testemunhas.

O momento da troca de alianças é um momento altamente significativo e de grande impacto emocional. É o símbolo do vínculo matrimonial.

ESTRUTURA DE APOIO PARA REALIZAÇÃO DA CELEBRAÇÃO

Para que tudo corra conforme o esperado durante o casamento, é importante ter uma estrutura que transforme o sonho do casal em uma cerimônia linda, bem organizada e inesquecível. Para isso, todos os profissionais, serviços e objetos envolvidos são importantes. A seguir elencamos os principais:

- Equipe de assessoria e cerimonial
- Celebrante
- Espaço/local
- Mobiliário
- Decoração
- Material de apoio
- Som/músicos
- Fotografia

Dentre todos esses serviços e profissionais, gostaríamos de destacar as atribuições da equipe de cerimonial e assessoria, responsável pelo alinhamento de todos os preparativos da cerimônia com noivos, celebrante e profissionais atuantes, desde o espaço e o decorador até os músicos/coral/som, o cinegrafista e os fotógrafos, entre tantos outros.

Compete-lhe também a preparação de todos os componentes/elementos da cerimônia, a organização do cortejo, as orientações a todos os participantes e o acompanhamento de todas as entradas e saídas.

> À EQUIPE DE ASSESSORIA COMPETE ALINHAR TODOS OS PREPARATIVOS E OS PROFISSIONAIS NECESSÁRIOS PARA QUE A CELEBRAÇÃO ACONTEÇA DA FORMA PLANEJADA.

É preciso atenção do serviço de assessoria ao organizar celebrações que envolvam pessoas com deficiência, sejam elas noivos, padrinhos, alguém da família, algum convidado ou até o próprio celebrante.

As condições da cerimônia podem ser adaptadas, em maior ou menor escala, de acordo com a necessidade específica.

Algumas vezes é necessária uma rampa para acesso da cadeira de rodas ou um banheiro acessível no local; pode ser necessário providenciar algum material em braile ou um intérprete de libras.

As possibilidades são muitas e, se não souber como fazer as adaptações necessárias, procure orientação com um serviço especializado, associações de pessoas com deficiência ou outras entidades assim.

Vale também conversar com a pessoa em questão e verificar o que é necessário para que ela possa participar plenamente da celebração.

Além de deficiências pessoais que requerem atenção particularizada, é bom certificar-se de que local da celebração esteja plenamente adequado para não gerar nenhum tipo de dificuldade de acessibilidade ou de restrição que possa comprometer a fluidez do evento.

Nenhuma característica específica é impeditiva para a celebração. As condições adequadas poderão enriquecer o momento, demonstrando boas práticas, com gestos considerativos e respeitosos, permitindo até a possibilidade de criar algo diferenciado/particularizado, que validará o efeito inclusivo, sem dar margem para desconfortos ou constrangimentos. Os aspectos sensoriais podem ficar mais evidentes, reconhecidos e privilegiados, principalmente em alguns detalhes cerimoniosos ou protocolares.

Tudo deve ser conduzido em elevada categoria profissional, preservando-se a dignidade humana, com igualdade social. A conduta nobre nessas circunstâncias transcende limitações, legitimando a cerimônia com a sublimidade e excelência que a solenidade requer.

REALIZAÇÃO DA CERIMÔNIA

A assessoria faz o monitoramento da chegada de todos os integrantes da cerimônia/celebração e dá suporte aos profissionais envolvidos.

Com a chegada de todos, em horário previamente definido, uma parte da equipe organiza o cortejo de entrada, enquanto a outra prepara a noiva e seu pai, de modo que não sejam vistos pelo noivo, pelos pais e padrinhos.

O celebrante se posicionará no local designado para a cerimônia momentos antes da celebração. Com a orientação e acompanhamento da equipe de assessoria/cerimonial, seguindo a ordem previamente combinada, o cortejo inicia sua entrada. Nesse momento, todos os profissionais envolvidos estão a postos para a realização da cerimônia.

O cortejo, em geral, segue a seguinte ordem:

1. Entrada do noivo com sua mãe;
2. Entrada do pai do noivo com a mãe da noiva;
3. Entrada de padrinhos – um casal do lado do noivo, depois um casal do lado da noiva e assim sucessivamente, alternando-se para compor o altar de maneira harmoniosa;
4. Entrada de florista e pajens;
5. Músicos – campanas e clarinada (clarins triunfais);
6. Entrada da noiva com seu pai;
7. Entrada das alianças (damas, pajens ou avós);
8. Benção das alianças;
9. Cumprimentos;

10. Saída dos noivos em primeiro lugar e, na sequência, as crianças (se houver). Logo após, os pais da noiva, seguidos dos pais do noivo e dos padrinhos, na mesma ordem em que entraram, alternadamente.

Além da ordem do cortejo, há um roteiro ou cronograma da cerimônia tradicional ou alternativa, assim composto:

11. Entrada do cortejo – processional;
12. Início da celebração – acolhimento fraternal;
13. Apresentação da história do casal;
14. Mensagem simbólica;
15. Rito de impacto visual e simbólico (cerimônia alternativa);
16. Votos do casal;
17. Troca de alianças;
18. Oração/poema/provérbio/texto especial;
19. Leitura e assinatura do Termo Matrimonial;
20. Mensagem final e encerramento;
21. Cumprimentos do casal aos padrinhos, pais e outros participantes da celebração;
22. Saída do cortejo – recessional.

Este roteiro é apenas uma sugestão. Poderá ser modificado ou adaptado de acordo com o celebrante ou com os diversos fatores que envolvem a cerimônia.

Vamos examinar com mais detalhes cada uma dessas etapas.

ENTRADA DO CORTEJO – PROCESSIONAL: é o momento de acolhimento pelo(a) celebrante, no qual os integrantes que compõem a cerimônia (noivo, pais, padrinhos, damas, pajens e outros) adentram o recinto onde será realizada a cerimônia. Essa pequena caminhada remete ao significado de sermos peregrinos neste mundo, a caminho da casa do Pai (sentido bíblico).

INÍCIO DA CELEBRAÇÃO – ACOLHIMENTO FRATERNAL: é o momento em que o celebrante marca o início da cerimônia. Alguns gostam de saudar os convidados presentes, outros preferem iniciar contando a história de como os noivos se conheceram.

APRESENTAÇÃO DA HISTÓRIA DO CASAL: tendo preparado um texto com menções significativas sobre a história do casal, o celebrante os apresenta, envolvendo todos os presentes naquela história de amor.

MENSAGEM SIMBÓLICA: pronunciamento de texto ou oração envolvendo pais e padrinhos.

RITO DE IMPACTO VISUAL E SIMBÓLICO (CERIMÔNIA ALTERNATIVA): caso tenha sido programado algum ritual simbólico, todos os elementos/componentes necessários devem estar dispostos ordenadamente para a sua realização.

VOTOS DO CASAL: pode ser um texto em que o celebrante fala e os noivos repetem, pode ser uma fala espontânea, um texto previamente escrito pelos noivos ou simplesmente o "sim" após a consulta formal/oficial do celebrante "Você, senhor (a) de tal, aceita senhor(a) de tal como legítimo(a) esposo(a)?"

TROCA DE ALIANÇAS: as alianças podem ser levadas aos noivos por uma dama de honra ou pajem, ou pelos avós, mas também podem estar com o noivo ou com um padrinho. Alguns casais preparam seu cachorrinho de estimação para trazer as alianças, geralmente em cerimônias alternativas, fora de templos religiosos.

ORAÇÃO/POEMA/PROVÉRBIO/TEXTO ESPECIAL: neste momento, o celebrante pode ler uma poesia, um texto significativo, um provérbio ou letra de música e, a partir deste apoio textual, ele profere um pequeno discurso matrimonial.

LEITURA E ASSINATURA DO TERMO MATRIMONIAL: trata-se do pronunciamento formal com os dados oficiais do casamento, tais como data, local, nome do celebrante, nomes dos noivos – considerando mudanças de sobrenome — cartório onde foi realizado o casamento ou a validação civil e os nomes das testemunhas que assinarão o termo.

MENSAGEM FINAL E ENCERRAMENTO: em geral, uma frase alusiva ao amor. Em casamentos com efeito civil, ela é seguida da declaração: "Eu os declaro marido e mulher" ou "Eu os declaro casados". Em quase todas as cerimônias há, também, a declaração "Pode beijar a noiva" ou "Podem se beijar". Celebrantes não habilitados para usar a expressão "Eu vos declaro" podem falar "Vocês estão unidos em nome do amor. Podem se beijar."

CUMPRIMENTOS DO CASAL AOS PADRINHOS, PAIS E OUTROS PARTICIPANTES DA CELEBRAÇÃO: na forma convencional de cumprimentar, os noivos se dirigem aos padrinhos e pais, cumprimentando-os. Ou, ainda, ficam parados próximos ao altar, cada casal de padrinhos vem cumprimentá-los e sai. Os pais são os últimos a serem cumprimentados. O último cumprimento é com as respectivas mães.

SAÍDA DO CORTEJO – RECESSIONAL: é o momento em que saem todos os participantes da cerimônia (noivos, crianças, pais da noiva, pais do noivo, padrinhos). O celebrante permanece no altar, acompanhando o recessional, depois sai pela lateral. A música desse momento é animada e festiva. Geralmente, todos sorriem alegremente.

CERIMÔNIAS ECUMÊNICAS

Algumas vezes, cada um dos membros do casal tem uma religião diferente, mas ambos gostariam de vivenciar o rito de casamento relativo a ela. Nesses casos, a solução pode ser uma cerimônia ecumênica, celebrada por dois sacerdotes – um de cada religião – na qual são combinados os ritos de modo a atender às duas profissões de fé.

A CERIMÔNIA ECUMÊNICA CONJUGA RITOS DE DUAS OU MAIS RELIGIÕES.

Aos assessores desses eventos cabe informar-se muito bem sobre os dois ritos, sobre como será realizada a celebração religiosa e, sobretudo, o que for necessário para seu bom transcurso.

CERIMÔNIAS ALTERNATIVAS

As cerimônias alternativas ou rituais alternativos não têm caráter religioso e não seguem nenhuma doutrina específica. Podem se basear em costumes e tradições, ou se adaptar à vontade dos casais e/ou às propostas de celebrantes.

Muitos casais não pertencem a nenhuma religião ou simplesmente não desejam um ritual religioso. Além disso, os rituais religiosos são definidos pelas igrejas e têm diretrizes específicas, as quais nem sempre os casais se ajustam, como é o caso de pessoas divorciadas, ateus ou noivos homoafetivos, por exemplo. Em situações como estas, o celebrante pode propor uma cerimônia alternativa, com muitos significados, porém sem seguir crenças ou dogmas religiosos.

Embora as cerimônias alternativas sejam consideradas rituais livres e normalmente usadas no lugar das celebrações tradicionais, elas também podem compô-las ou serem um rito complementar, separado da celebração principal. Mesmo em templos religiosos, é possível inserir alguns ritos simbólicos, com o consentimento do sacerdote ou do celebrante, tendo o cuidado de não gerar nenhum conflito com a religião na qual o casamento estiver sendo realizado. Por isso, a importância de conhecer o significado do rito escolhido e adequá-lo ao perfil do casamento.

> AS CERIMÔNIAS ALTERNATIVAS PODEM SER USADAS EM LUGAR DA CERIMÔNIA TRADICIONAL OU COMO PARTE DELA.

Para qualquer tipo de cerimônia é importante que o celebrante esteja habilitado para realizá-la e que todos os ritos estejam em harmonia com os noivos e seus familiares, para não gerar nenhum tipo de conflito.

Aos celebrantes, organizadores e outros interessados, recomendamos ser muito criteriosos na escolha e na orientação da cerimônia alternativa, para não correr o risco de realizá-las por simples modismo ou por fatores artificiais. Isso pode provocar efeito de estranhamento e, por falta de informação ou preparo adequado, insultar, macular ou até desonrar ritos sagrados.

Há algumas cerimônias alternativas bem definidas, com significados muitos especiais, para diversas culturas. Elas se difundiram pelo mundo, contemplando uma diversidade de interesses e perfis de noivos.

CERIMÔNIAS ALTERNATIVAS MAIS REALIZADAS NO BRASIL

Adquirir cultura, por meio de estudos e pesquisas, é fundamental na formação dos celebrantes. Os estudos possibilitarão melhor compreensão e preparo, para o devido alinhamento cerimonioso. Também permitirá adaptações, mais assertivas de diferentes ritos, quando for o caso, considerando a base original e simbólica de cada um deles.

> É FUNDAMENTAL QUE O CELEBRANTE CONHEÇA O MAIOR NÚMERO POSSÍVEL DE CERIMÔNIAS PARA PODER FAZER ADAPTAÇÕES E COMBINAÇÕES, QUANDO NECESSÁRIO.

Adotamos a terminologia "cerimônia" pelo entendimento de que ela engloba vários protocolos, formalidades, regras, códigos e ritos. Fica a critério de cada um conceituar sua apresentação de modo que contemple os interesses envolvidos ou propicie uma compreensão adequada de todos os significados e símbolos nela contidos.

A lista a seguir ilustra algumas cerimônias alternativas e serve de apoio para ampliar perspectivas e incentivar a melhor compreensão das diferentes culturas e dos ritos delas oriundos. Considere-a como um ponto de partida para sua busca por conhecimento e enriquecimento cultural, que deve ser incessante e incansável, na missão de realizar celebrações de casamento bem-sucedidas. São as mais populares, com nomenclaturas diferentes em algumas regiões ou utilizadas por alguns celebrantes:

- Cerimônia/Ritual das Areias
- Cerimônia/Ritual do Baú
- Cerimônia/Ritual da Cápsula do Tempo
- Cerimônia/Ritual Celta
- Cerimônia/Ritual Cordão de 3 Dobras
- Cerimônia/Ritual *Handfasting*
- Cerimônia/Ritual Havaiana
- Cerimônia/Ritual Lavapés
- Cerimônia/Ritual da Luz ou das Velas
- Cerimônia/Ritual das Mãos
- Cerimônia/Ritual do Plantio ou da Árvore
- Cerimônia/Ritual das Rosas
- Cerimônia/Ritual do Sal
- Cerimônia/Ritual do Sino
- Cerimônia/Ritual do Vinho

A seguir, apresentamos um descritivo da Cerimônia das Areias, uma das mais realizadas no Brasil:

> AS CERIMÔNIAS ALTERNATIVAS, QUANDO INSERIDAS NO CONTEXTO DA CELEBRAÇÃO, PODEM SER ENCAIXADAS NA SEQUÊNCIA DOS PROTOCOLOS SOLENES, LOGO APÓS A TROCA DE ALIANÇAS E DOS VOTOS DO CASAL.

CERIMÔNIA/RITUAL DAS AREIAS – DESCRIÇÃO E ROTEIRO

É um ritual de grande impacto visual com rica simbologia. Os pais, noivos e padrinhos despejam areia de um recipiente menor em um maior, alternando as cores, um pouco de cada vez, para representar a singularidade, a união e a indissolubilidade do casamento. A mensagem transmitida é que o desenho formado pelas areias é único, assim como a nova família, e, da mesma forma que a areia não se separa, o casal se manterá unido.

MATERIAL NECESSÁRIO:

- Um recipiente de vidro transparente de tamanho médio (pode ser um jarro ou vaso), com capacidade para acomodar toda a areia que será despejada nele. Deve ser algo que agrade aos noivos, pois será uma peça decorativa, que poderá ficar exposta posteriormente na residência deles. Deve ter tampa de proteção.

- Parafina derretida na cor branca, para lacrar o vidro maior.

- Dois ou mais recipientes de tamanho pequeno (conforme a quantidade de participantes), com design que harmonize com o maior e que sejam confortáveis para segurar, com abertura adequada para despejar a areia.

- Areia em quantidade suficiente para abastecer os recipientes menores, em cores previamente definidas, em tonalidades diferentes, conforme a simbologia e quantidade de participantes (noivos, pais ou padrinhos).

- Uma bandeja de apoio.

- Uma mesa ou pequeno aparador no qual ficará todo o material organizado para a cerimônia.

- Uma caixa protetora para o transporte de todos os materiais.
- Uma caixa protetora para o recipiente maior.

SIMBOLOGIA

- Recipiente de vidro ou de cristal transparente: simboliza a pureza
- Areia colorida: cada cor simboliza um sentimento ou emoção, com uma carga afetiva – amarelo traz entusiasmo, otimismo, luz, riqueza, prosperidade e energia; azul transmite confiança, verdade, lealdade, fidelidade e harmonia; branco fala de pureza, paz e calma; cinza denota seriedade, neutralidade e sabedoria; preto lembra mistério, sofisticação e luxo; lilás representa espiritualidade, intuição e transformação; marrom simboliza integridade, maturidade, estabilidade e firmeza; rosa evoca romantismo, ternura, beleza e delicadeza; verde significa esperança, bem-estar, equilíbrio e crença; e vermelho traz paixão, energia e desejo.

ROTEIRO

1. O celebrante profere algumas palavras para dar início ao ritual e entrega, a cada um dos participantes, um recipiente de vidro transparente contendo areia colorida.

2. A cor da areia é definida de acordo com a simbologia que os noivos desejarem. Se forem apenas os noivos, serão duas cores distintas. Se forem mais participantes, será uma tonalidade de areia para cada um deles.

3. No centro da mesa ficará o recipiente grande.

4. A primeira camada de areia é despejada pelos pais, representando a base da família. Os padrinhos, quando participam, despejam a areia e pronunciam uma intenção ou um desejo para o casal.

5. Conforme o que for combinado, a primeira camada despejada pode simbolizar Deus e deve ser branca; neste caso, o celebrante despeja-a antes de todos. A camada que simboliza Deus também poderá ser a última, antes da vedação do frasco.

6. Se apenas os noivos participarem, ambos vão despejando a areia de seus respectivos recipientes, de forma alternada e harmoniosa. Enquanto o fazem, o celebrante e os noivos poderão proferir palavras que remetam aos seus sentimentos e ao significado atribuído a cada uma das cores.

7. A última camada poderá ser despejada ao mesmo tempo pelo casal. Se for com mais participantes, é preciso ter um cuidado especial, para não ocasionar tumultos nesse momento. Essa última camada representa a família unida.

8. O recipiente poderá preservar um pequeno espaço, antes de ser preenchido até a borda, indicando que a história do casal continuará, com a possível chegada de herdeiros.

9. No final do ato de despejamento da areia, fecha-se o vidro com a tampa ou se veda com parafina derretida, apropriada para essa finalidade.

10. Ao término, a assessoria cuidará de tudo, guardando o recipiente de vidro para a entrega oportuna aos noivos, que o manterão guardado em sua nova residência.

DETALHES OPCIONAIS

- Os vidros podem ser estampados com o monograma do casal e podem ter formato temático, de acordo com o estilo do casamento.
- A areia pode ser proveniente de algum local significativo para o casal.
- Pode ser usado clichê com monograma dos noivos para marcar o lacre de parafina que fará a vedação das areias.

MENSAGEM SIMBÓLICA

"Assim como não é possível separar os grãos de areia que aqui estão compactados pelos princípios da família, que o amor do casal também seja indissolúvel e se sustente por sua força e fidelidade."

IMPORTANTE

Não se pode julgar se um rito de celebração é certo ou errado, adequado ou inapropriado, sem analisar todo o contexto em que está envolvido.

Quanto mais bem alinhados estiverem todos os preparativos, maiores serão as chances de se realizar uma celebração harmoniosa e impecável, sob vários aspectos.

Um rito demarca um momento importante e, como tal, merece respeito e cuidado.

CAPÍTULO III

A CERIMÔNIA COM EMOÇÃO

JULIO DIAS

CAPÍTULO III
A CERIMÔNIA COM EMOÇÃO
JULIO DIAS

Tudo começou no ano de mil novecentos e oitenta e oito, quando fui solicitado a celebrar minha primeira cerimônia de casamento. Na oportunidade, era apenas um jovem de vinte e quatro anos de idade, aspirante ao cargo de ministro em uma comunidade cristã no bairro onde residia.

Um dos atributos da função de ministro era justamente o de celebrar casamentos. Certo dia, meu líder imediato disse-me que duas pessoas iriam se casar e que eu realizaria o cerimonial. Sinceramente, não me assustei, apesar de nunca ter recebido nenhum treinamento ou orientação prévia para fazer uma cerimônia de casamento. O que me favorecia? Favorecia-me o fato de, na ocasião, já ter dado várias aulas para casais, falando sobre relacionamento conjugal.

Peguei dois ou três pontos da palestra que já fazia, nos quais acreditava e cujas palavras achava que fariam bem aos noivos e aos convidados. Foi tudo bem resumido e pontual e mesmo o cerimonial teve um tempo curto de duração – não muito rápido, que desse a sensação de pressa, mas compacto o suficiente para não cansar as pessoas. Foi uma cerimônia leve, na qual não se falou de religião, mas de amor, amizade, companheirismo e cumplicidade entre o casal. Sem perder o brilho e a emoção, cativou as pessoas.

Daí em diante comecei a receber inúmeros convites para celebrar casamentos e isso nunca mais parou.

Fiz o que chamamos de "pensar fora da caixa", ou seja, fazer algo completamente diferente do que faziam, à época, os padres e pastores – que tendiam para o lado religioso da celebração – e os mestres de cerimônias – sérios, sisudos e formais ao extremo.

Quando surgiu alguém que falava de Deus (e não da religião) e de amor, em vez de fazer longos sermões, isso encantou. Independentemente da fé que cada convidado tivesse, ninguém se sentia agredido. A cerimônia do casamento ganhava, assim, um tom agradável e uma leveza que tocava o coração dos noivos e convidados e fazia com que todos quisessem assisti-la até o final, testemunhando um momento sublime, inesquecível e único na vida dos noivos.

Presidi minhas primeiras cerimônias de maneira intuitiva, sem imaginar que um dia esse formato se tornaria um modelo e uma tendência de mercado.

VERDADE NAS PALAVRAS

Elaborar o *script* de um cerimonial nem sempre é fácil. No caso do casamento, exige buscar conhecer os sonhos e anseios dos noivos, procurar perceber o que está em seus corações e o que eles querem ou não na cerimônia.

Isso dá trabalho?

Certamente é muito trabalhoso, mas o trabalho costuma mesmo vir antes do sucesso. Para que você obtenha êxito naquilo que faz, é preciso dedicação. Dentro disso e de uma gama enorme de possibilidades de textos para casamentos, um dos critérios que estabeleci é o de acreditar naquilo que falo. Comumente vejo pessoas fazendo discursos sobre coisas que elas não vivem e nas quais elas não acreditam. São pronunciamentos vazios, como nuvens impelidas pelo vento.

> ACREDITO NO QUE FALO, DO CONTRÁRIO MEU DISCURSO SERIA VAZIO.

Quando acredito no que estou falando, as palavras saem do coração e a possibilidade de chegarem aos ouvintes de maneira positiva é imensa. Não raro os noivos me pedem para ler algum poema ou falar determinada frase. Peço licença a eles para examinar o material e só o uso se estiver condizente com o que foi construído para aquela cerimônia, pois dessa forma será verdadeiro. Se não for assim, melhor dispensar o serviço do que se martirizar por fazer algo com que você não se sente confortável.

CASAR É BOM

Quando falo aos noivos com quem converso que casar é bom, geralmente eles me dizem que sou a primeira pessoa a lhes dizer isso. Talvez seja fácil para eu falar isso, pois casei, há 35 anos, com a mulher mais maravilhosa do universo. Insisto, porém, em afirmar que casar – dividir sonhos, anseios e expectativas juntos – é muito bom.

Sim, "juntos" é a palavra-chave. Deixamos de dizer "eu" e passamos a dizer "nós". Acima de tudo, costumo dizer que é preciso cultivar o amor sincero e verdadeiro, que jamais acaba. Se o amor acabou é porque não era amor, mas mera imitação. Também considero a amizade outro ingrediente importante. Sou feliz por ter casado com minha melhor amiga. O mesmo vale para a fidelidade, que deve ser cultivada com cuidado. Um dos princípios de Deus para uma relação sadia é não ficar pulando de uma cama para outra. Fidelidade é um ingrediente importante e mais do que necessário dentro da relação. Finalmente, recomendo que não deixem de namorar. O namoro não acaba depois do "eu os declaro marido e mulher". Namorar para sempre é, talvez, o segredo de uma relação duradoura, de qualidade e de sucesso.

Faço cerimônias de casamento porque acredito no casamento. Casar é bom!

CASAR FORA DO TEMPLO

Tem aumentado imensamente o número de casamentos fora das igrejas. Cerca de noventa por cento das celebrações que tenho feito, nos últimos tempos, acontecem fora do espaço físico dos templos. Em grande parte, isso ocorre porque é mais prático fazer a cerimônia e a festa num mesmo local. Facilita para os noivos, para os convidados e também diminuem custos com decoração. Na sua maioria, os *buffets* já oferecem boa estrutura para que isso seja feito e os noivos acabam optando por fazer a cerimônia no mesmo espaço onde ocorrerão a recepção e a festa. Sítios, chácaras, salões, praia e até mesmo casas, quando o espaço físico favorece, têm sido escolhidos pelos casais para a realização do casamento. Tenho ficado admirado com o bom gosto e a criatividade nas festas das quais tenho participado. Essa opção, que há alguns anos é tendência, tem funcionado extremamente bem.

Outro fator que também leva alguns casais a optar pela cerimônia fora da igreja é o aspecto religioso. Muitas vezes os noivos professam religiões distintas e, optando por um espaço neutro, evitam favorecer mais a crença de um em detrimento da do outro. Nosso papel de celebrantes tem colaborado com os casais que optam por esse tipo de casamento, pois vamos até o local escolhido por eles e realizamos suas cerimônias com emoção, conteúdo e brilho.

Portanto, seja por fatores práticos, religiosos ou por gosto pessoal dos noivos, podemos afirmar que a cerimônia de casamento no mesmo local que a festa já é um sucesso e uma preferência entre os casais.

DO CORAÇÃO AO PROFISSIONAL

Quando comecei a celebrar casamentos, não via nisso uma oportunidade de ganhar dinheiro. Celebrava simplesmente porque era algo ligado ao meu coração, uma paixão. Assim, por muitos anos fiz meu trabalho de ministro sem ganhar um único centavo. Na verdade, acredito que pagava para trabalhar, porque tinha as despesas de combustível, estacionamento e tudo o que envolvia minha ida até o local da festa. Houve uma época em que fazia tantas cerimônias que precisava alugar ternos periodicamente, aumentando o meu gasto.

O tempo foi passando e, certa vez, ouvi um consultor de negócios dizer que se você faz algo pelo qual recebe sempre elogios, aquilo pode ser uma profissão. Eu estava em um momento de minha vida no qual precisava mudar minha área de atuação e pensar em como ganhar dinheiro dali por diante. A primeira coisa que me veio à mente foi celebrar casamentos. Era algo que eu gostava muito de fazer e enxerguei ali uma chance para empreender. Sem pestanejar, parti imediatamente para a implantação do projeto de realizar cerimoniais em um formato profissional. O coração seria o mesmo, porém, agora, com um olhar empreendedor.

PIONEIRISMO E CRIAÇÃO

Ao decidir profissionalizar a atividade que fazia, após dezoito anos de atuação, logo percebi que não havia ninguém no mercado em quem me espelhar ou me inspirar. Os casamentos eram, em geral, realizados por líderes religiosos ou, eventualmente, por algum mestre de cerimônias. O jeito foi recorrer à experiência adquirida ao longo dos anos e partir, do zero, para a criação de tudo o que fosse necessário.

O primeiro passo foi a criação de páginas nas redes sociais, falando sobre o nosso trabalho. Em segundo lugar, criamos materiais de contato com os noivos, tais como fichas de dados, contratos e manuais de orientação. A terceira ação foi comunicar ao mercado de casamentos que existíamos e o que fazíamos. Começamos a dialogar com fotógrafos, assessores, cerimonialistas, *buffets*, enfim, todos os profissionais envolvidos nessa grande indústria.

O resultado foi imediato. Muitos casais começaram a fazer contato conosco para conhecer melhor o nosso trabalho. Os contratos começaram a ser fechados em grande escala. No começo, atendia os noivos em meu *home office*, em *shoppings*, cafés ou, em último caso, na própria casa dos noivos. Com o passar do tempo e o aumento significativo de trabalhos, todo o espaço onde morávamos foi adaptado para fins comerciais e minha família e eu nos mudamos para outro imóvel.

EQUIPE DE CELEBRANTES

Chegou um tempo em que eu não tinha mais condições de dar conta sozinho de tanto trabalho, tamanho havia sido o aumento de clientes. Muito dinheiro estava deixando de ser ganho em função de não conseguir atender aos noivos porque minha agenda estava lotada. A essa altura, nossa empresa já estava consolidada.

Surgiu, então, a necessidade de formar uma equipe. Em um primeiro momento conseguimos recrutar quatro pessoas – dois homens e duas mulheres. Cada um desses celebrantes, à medida que fechavam contratos, destinavam ao nosso escritório uma porcentagem do valor recebido, pela estrutura a eles oferecida e também pela indicação. Isso também nos proporcionou sempre ter alguém de reserva caso o oficiante contratado tivesse algum imprevisto ou contratempo que o impedisse de ir até o local da cerimônia.

Certa vez, uma noiva me perguntou o que eles fariam caso eu morresse. Respondi a ela que nunca havia morrido antes, porém, se isso acontecesse, nosso escritório iria dispor de outra pessoa gabaritada para atendê-los.

Ter parcerias é importante nessa carreira. Penso que o aumento de profissionais nessa nova profissão não gera concorrência, e sim uma troca sadia de experiências e de indicações.

> TER PARCERIAS É IMPORTANTE NESSA CARREIRA.
> E O AUMENTO DE PROFISSIONAIS
> NÃO GERA CONCORRÊNCIA, MAS TROCA.

A MULHER CELEBRANDO

As mulheres surgiram em um mercado antes totalmente dominado pelos homens. Com maestria, competência e amor, hoje elas já são uma realidade no cenário dos matrimônios. A sensibilidade feminina tem sido um dos fatores preponderantes para que muitos casais contratem uma mulher para um dos momentos mais importantes de suas vidas. Extremamente atentas aos desejos e anseios dos noivos, inovadoras, destemidas e competentes, lançaram-se na profissão, surpreendendo e encantando com cerimônias lindíssimas.

O preconceito ainda existe? Como vivemos em um país ainda um tanto machista, talvez aqui ou ali se encontre algum tipo de oposição. Não tenho estatísticas oficiais, porém, pela minha observação pessoal, em contato com profissionais de todo o Brasil, o número de profissionais mulheres fazendo cerimônias quase se equipara ao número de homens.

O AMOR EM DELÍCIAS

Salomão, um dos homens mais sábios que já existiu, falou, em seu livro de cantares, chamado também de Cântico dos Cânticos, sobre o "amor em delícias". Particularmente, gosto de usar a expressão para explicar um pouco do meu ofício. Conduzo a cerimônia de um lugar sempre muito privilegiado. Consigo ver, em detalhes, as expressões e reações dos noivos a cada palavra e gesto. Percorro, com meu olhar, o ambiente e vejo as pessoas se emocionando. Minutos antes do casamento, percebo a tensão estampada no rosto de todos que participarão do cortejo. Isso acontece, talvez, pela intensa vontade de que tudo dê muito certo, conforme planejado e sonhado. O amor, talvez a palavra mais usada pelos poetas em toda a história da humanidade, toma conta da atmosfera e se torna palpável. Sim, podemos pegar, sentir, expressar o amor em delícias que transborda e nos faz transbordar.

> CONDUZO A CERIMÔNIA DE UM LUGAR PRIVILEGIADO
> E POSSO VER AS REAÇÕES DOS NOIVOS E DE SEUS CONVIDADOS.

A noiva aponta no corredor e todos os olhares, quase sem exceção, se dirigem a ela, que entra triunfalmente. Por um minuto, o noivo vive um intenso momento solitário, mas se sustenta, aguardando a chegada da sua amada. Como celebrante, estou ansioso e desejoso de contar a história do casal. O cerimonial segue e cada pedaço, frase, fala, olhar, toque, votos e alianças é uma pequena delícia do amor. Somos tão inundados por tudo isso que, às vezes, demoramos dias para desacelerar, inebriados que ficamos pela força do que é amar.

O PODER DO "EU OS DECLARO..."

Toda cerimônia é um rito de passagem e traz impacto direto aos sentimentos e às lembranças. Não importa se é formatura, batismo ou colação de grau, nossa memória sempre terá os detalhes do cerimonial do qual participamos, associando-os a determinada mudança de vida.

> TODA CERIMÔNIA É UM RITO DE PASSAGEM E TRAZ IMPACTO DIRETO
> AOS SENTIMENTOS E ÀS LEMBRANÇAS.

Veja um exemplo prático: pergunte a um casal que vive maritalmente, por exemplo, há vinte anos, sem se casar, qual o estado civil deles. Certamente eles responderão "a gente é junto", ou algo parecido. Mesmo tendo os mesmos direitos perante a lei, compartilhando uma vida e morando há tanto tempo na mesma casa, eles afirmam não ser casados. O coração só aceitará que casou quando ouvir alguém dizer

"Eu os declaro marido e mulher" ou alguma expressão simbolicamente equivalente. Interessante que isso acontece independentemente da cultura ou da fé que a pessoa tenha. Essas considerações não são uma crítica, mas uma constatação com base em inúmeras entrevistas com casais e vivência na área dos cerimoniais.

Em minhas celebrações, na hora do "Eu os declaro", há sempre uma explosão de alegria. Os nubentes recebem interiormente a informação e a convicção de que são casados. É um momento sublime, espetacular. Sinto-me privilegiado com tamanha honra. Não apenas os noivos, mas os pais, padrinhos e convidados vibram muito. Antes mesmo de completar a frase e dizer "pode beijar a noiva", todos estão aplaudindo e assobiando, com a certeza de que o casamento realmente aconteceu.

DESENTENDIMENTOS

Logicamente, nem só de poesias, emoções e sorrisos vivem as cerimônias de casamento. Não é pouco comum aparecerem discórdias nesses momentos tão importantes. Seria muito útil o celebrante ter conhecimentos de psicologia, *coaching* ou aconselhamento, pois, em alguns momentos, essas habilidades são bem-vindas. Certa vez, estava pronto para iniciarmos a cerimônia, tudo como de praxe. A assessora liberou o cortejo e a primeira a entrar foi a mãe do noivo, que se sentou em uma cadeira bem próxima de mim, a minha esquerda. Na sequência, caminharam, pelo corredor, o pai do noivo e a atual esposa dele. Enquanto eles se aproximavam, a mãe me chamou e perguntou se a fulana que estava com o seu "ex" se sentaria ao lado dela. O desentendimento havia surgido e eu precisaria resolvê-lo.

O problema, nesses casos, é que você tem frações de segundos para pensar no que fazer. Nessa situação específica eu disse que não era eu quem resolvia esse tipo de assunto e sim outra pessoa. Apontei a assessora, que estava relativamente longe dela e voltei ao meu lugar. Na minha mente, orava para que nenhuma confusão estragasse a festa.

Meu conselho para essas situações é tentar ajudar, mas com moderação. Lembre-se de que não cabe a você e nem é seu papel resolver conflitos familiares que, às vezes, se arrastam por toda uma vida. Use a experiência e o bom senso para dar dicas pontuais que amenizem o problema e permitam o bom andamento do evento.

> EM CASOS DE DESENTENDIMENTOS, TENTE AJUDAR COM MODERAÇÃO. NÃO CABE AO CELEBRANTE RESOLVER CRISES FAMILIARES.

O QUE OS NOIVOS ODEIAM

Pela minha experiência, posso listar pelo menos cinco pontos que os noivos detestam:

CERIMÔNIA LONGA: dez entre dez casais que me procuram perguntam qual será o tempo do cerimonial. Esse é um dos maiores medos dos noivos. Explico que a cerimônia não pode ser rápida demais, dando a sensação de que estamos com pressa, nem muito demorada, sendo cansativa. O tempo ideal de uma cerimônia varia entre trinta e cinco a quarenta minutos, considerando entradas, mensagem, votos, alianças, oração, abraços, tudo. A partir disso, as pessoas começam a pensar sobre o que será servido no jantar e não prestam mais atenção à cerimônia.

RELIGIÃO: a maioria dos casais quer que fale de Deus, mas não de uma religião. Noventa e cinco por cento deles professam um tipo de fé diferente um do outro e não querem que a cerimônia privilegie um em detrimento do outro. Assim, fazer a opção por se falar de amor e companheirismo dá sempre um bom resultado.

EXCESSO POÉTICO: todo casamento terá alguma poesia, mas exceder-se na forma poética é como adoçar excessivamente um suco. A poesia deve ser bem dosada, apenas um tempero para os ingredientes.

ARTIFICIALIDADE NO FALAR: acredito que tudo que é natural é sempre melhor. Há oradores que, quando pegam um microfone, transformam-se – a voz muda, a fala fica estranha e o corpo assume uma postura antinatural. É esquisito e, às vezes, caricato. Quanto mais naturalidade, melhor.

CERIMÔNIA CHATA: a escolha por um cerimonial leve, personalizado, que valorize aspectos da personalidade dos noivos é o que mais se procura nos dias de hoje.

> MUITOS NOIVOS TEMEM CERIMÔNIAS LONGAS E CHATAS, EXTENSAS PREGAÇÕES RELIGIOSAS, FALAS EXCESSIVAMENTE POÉTICAS E ARTIFICIALIDADE AO FALAR.

A MAIS EMOCIONANTE CERIMÔNIA QUE FIZ

Cada evento é único e especial. Para quem celebra pode ser mais uma festa, mas para quem contrata não. O contratante investiu, elaborou e, acima de tudo, sonhou com aquele momento. Espera-se que os profissionais escolhidos estejam presentes por inteiro. É preciso alegrar-se com os que se alegram, chorar com os que choram, ter o mesmo pensamento e sentimento dos seus anfitriões. Mais do que empatia, é preciso colocar-se no mundo do outro. Isso faz toda a diferença.

> CADA EVENTO É ÚNICO E ESPECIAL, POR ISSO O PROFISSIONAL DEVE ESTAR PRESENTE NELE POR INTEIRO.

Com mais de três décadas de trabalhos, os dois cerimoniais mais emocionantes e marcantes que já fiz foram a festa de debutante de minha filha, Pâmela, e a cerimônia de casamento de meu filho, Bruno, e sua noiva, Renata. Perguntaram-me, na ocasião, qual havia sido a sensação. Respondi que era como se estivesse anestesiado em meio a um turbilhão. As batidas cardíacas aumentavam enquanto a mente tentava controlar tudo para fazer o que precisava ser feito. Foi indescritível. Como tenho três filhos e apenas um se casou até o momento, preparo-me para encarar outras fortes emoções.

CRISE DE ESTRELISMO

Muitos celebrantes começam fazendo bem o seu trabalho, com humildade e competência. Em função disso, em um curto espaço de tempo se destacam no mercado e ficam famosos. Começam, então, a pensar que são estrelas, mais do que os outros, quando, na verdade, nós, que trabalhamos com eventos, precisamos estar alinhados.

> TODOS OS PROFISSIONAIS DO EVENTO PRECISAM ESTAR ALINHADOS PARA QUE TUDO DÊ CERTO.

A celebração não é mais importante que a decoração, que não é mais importante que a assessoria ou a regência da orquestra e assim por diante. A sintonia entre quem trabalha tem de ser perfeita. Os verdadeiros astros da festa são os anfitriões. Cada profissional deve se esforçar, dentro da sua competência, para que tudo dê certo, assim todos ganham.

O CONTADOR DE HISTÓRIAS

Se tivesse que resumir o que sou e faço em uma frase, diria que sou um contador de histórias e um realizador de sonhos. Na juventude, fui professor infantil em uma comunidade cristã e esse trabalho me levou a uma especialização na narração de histórias. Para ensinar às crianças, recursos audiovisuais, noções de interpretação, expressões faciais e bom uso da voz eram elementos importantes. Para falar a verdade, eu mais aprendi do que ensinei. Após seis anos, montei meu primeiro curso de oratória para adultos, totalmente inspirado nas experiências que tive com as crianças. Percebi que, se você consegue contar histórias para uma criança, então você poderá fazê-lo para qualquer pessoa ou plateia.

Tudo que aprendi durante esse período da minha vida levei para minhas palestras e celebrações. Contar como o casal se conheceu, como foi o primeiro olhar, o pedido de namoro e casamento é simplesmente fascinante. Como é maravilhoso perceber que, diante de encontros, desencontros e dificuldades, o amor sempre vence e prevalece. Isso é o que eu faço: conto histórias para que as pessoas se emocionem e vejam o quanto vale a pena amar.

CELEBRAR É PRECISO

O dicionário define celebração como realização solene, formalização, homenagem ou memoração de acontecimento, data, festejo. Dentro disso, meu coração foi inundado pelo amor por celebrar. Nasceu então a frase "Celebrar é preciso", um bordão que se tornou minha marca registrada e mostra toda essa paixão pelas celebrações.

Emocionar-se é parte integrante de uma cerimônia. As lembranças da superação para chegar até ali, a presença dos pais, padrinhos, amigos e o olhar no futuro são ingredientes mais que suficientes para trazer muita emoção aos corações. Risos e lágrimas se misturam em uma alternância encantadora. Caso role uma lágrima, não se deve contê-la, mas é preciso também estar preparado para exibir um sorriso largo, pois é um dia mais que inesquecível.

Uma pergunta muito comum que me fazem é se eu ainda me emociono, depois de tantos anos celebrando. Tenho um contrato com os noivos que me obriga a chegar no local do casamento pelo menos uma hora antes de o evento começar, porém, por vontade própria, sempre chego com duas horas de antecedência. Assim, presencio os bastidores, a montagem do local e como tudo vai tomando forma de festa. Cada detalhe me encanta. Quando a orquestra ou o DJ começa a passar o som e ouço os primeiros acordes anunciando que o momento de celebrar se aproxima, fico em estado de êxtase. Por algum tempo, é como se me transportasse para fora de mim e do mundo, com intensos sentimentos de alegria, prazer, temor e admiração. Sinto um desejo profundo de contar para todos quão grande e maravilhoso é o amor daquele casal que se dá em matrimônio. Naquele momento, é como se eu estivesse fazendo o casamento de um filho ou uma filha. Não há como não se emocionar.

> CHEGO SEMPRE AO LOCAL COM DUAS HORAS DE ANTECEDÊNCIA, PORQUE OBSERVAR A FESTA SENDO MONTADA ME AJUDA A FICAR PREPARADO PARA A CELEBRAÇÃO.

Já tive a oportunidade de realizar uma cerimônia de casamento de um empresário, em um hotel muito luxuoso para dezessete pessoas apenas. Provavelmente havia mais pessoas trabalhando no local, para que a festa acontecesse, do que convidados propriamente ditos. Na semana seguinte, realizei um cerimonial em um bairro e local muito simples; depois da cerimônia os noivos iriam fazer um churrasco na laje da casa para comemorar tão importante data. Para mim, não há diferença entre um e outro casamento. O mesmo empenho e dedicação que coloquei na celebração sofisticada, coloquei na celebração mais simples. A emoção foi a mesma, bem como o esforço em dar o melhor de mim para que tudo fosse perfeito. O sonho dos noivos é sempre muito especial e não pode ser mensurado pela quantidade de dinheiro que cada um tem no banco. Digo sempre, aos casais que me contratam, que existe algo que eu sempre vou levar à cerimônia deles: meu coração. Pois, celebrar é preciso!

CAPÍTULO IV
A CERIMÔNIA COM RESPEITO ÀS FORMALIDADES

RODRIGO DO CARMO

CAPÍTULO IV
A CERIMÔNIA COM RESPEITO ÀS FORMALIDADES
RODRIGO DO CARMO

Considero-me um eterno aprendiz. Venho, ao longo dos anos, acompanhando e estudando com atenção a transformação do mercado de eventos sociais, em especial o de casamentos. É perceptível que muitas dúvidas circundam os noivos e até mesmo os profissionais quando o assunto envolve formalidades, sejam elas jurídicas, processuais ou pessoais. Por isso, neste capítulo, quero compartilhar com você conhecimentos adquiridos por meio de estudos e experiências que foram essenciais ao meu crescimento pessoal e profissional.

As formalidades são de grande importância e relevância nas celebrações de casamentos. Conhecer os procedimentos e trâmites cartoriais, os procedimentos comportamentais e os pronomes de tratamento adequados é fundamental para o seu desenvolvimento e aperfeiçoamento como profissional da área de eventos. Asseguro-lhe que, ao demonstrar a seus clientes um conhecimento consistente sobre tais formalidades, a opinião deles a seu respeito será positiva.

O casamento é caracterizado por sua formalidade e solenidade, ainda que a proposta do evento siga outra linha em sua produção, fora dos padrões e protocolos convencionais. O bom profissional mostra sua versatilidade, mantendo as técnicas e formalidades necessárias.

O CASAMENTO CIVIL NO BRASIL

O casamento civil foi instituído no Brasil em 1890, pelo decreto nº 181, emitido pelo Marechal Deodoro da Fonseca, e foi regulamentado pelo Código Civil Brasileiro. Entende-se que o casamento civil é um contrato e este só pode ser celebrado por duas partes, ou seja, o contrato de casamento tem que ser monogâmico, podendo ser celebrado por casais heteroafetivos ou homoafetivos. Vale destacar que foi por meio de uma Ação Direta de Inconstitucionalidade do Supremo Tribunal Federal (ADI nº 4.277) que se reconheceu a união homoafetiva como uma entidade familiar, por isso, desde então, passaram a valer, para esses casais, a garantia dos mesmos direitos já existentes para os casais heterossexuais, a saber, herança, pensão, comunhão de bens, previdência, dentre outros.

> O CASAMENTO CIVIL É UM CONTRATO ENTRE DUAS PESSOAS E PODE SER HÉTERO OU HOMOAFETIVO.

OS REGIMES DE BENS NO BRASIL

Ao se casar no civil, os casais precisam optar por um regime de bens, ou seja, um conjunto de regras que regulamenta como serão administrados os bens do casal durante o casamento e em caso de separação. Os principais regimes vigentes no Brasil são:

COMUNHÃO PARCIAL DE BENS - acorda-se que todos os bens adquiridos após a celebração do casamento pertencem ao casal, em igual porcentagem, independentemente de a aquisição ser feita apenas no nome de um dos cônjuges. Vale salientar que os bens oriundos de herança e doação gratuita, bem como os bens adquiridos antes da celebração do casamento não são considerados no regime de comunhão parcial.

COMUNHÃO TOTAL DE BENS - todos os bens, em absoluto, atuais e futuros, pertencerão igualmente ao casal, na mesma proporcionalidade. Ou seja, ambos os cônjuges são donos de todos os bens.

SEPARAÇÃO ABSOLUTA DE BENS - os contraentes poderão administrar seus bens de maneira independente um do outro, e todos os bens atuais ou futuros são de propriedade individual de quem os adquirir. Vale reforçar que é muito importante verificar o que foi acordado no pacto antenupcial, que deverá ser realizado por um advogado.

> OS REGIMES DE BENS, NO BRASIL, PODEM SER COMUNHÃO PARCIAL, COMUNHÃO TOTAL OU SEPARAÇÃO ABSOLUTA DE BENS.

AS CELEBRAÇÕES DE CASAMENTO COM EFEITO CIVIL

A celebração do casamento civil deve ser realizada com a presença de um Juiz de Paz, podendo acontecer dentro das dependências do cartório ou em qualquer lugar que os noivos desejarem (igreja, capela, chácaras, *buffets* e salões, dentre outros). Nesse caso, deve ser solicitada a diligência, ou seja, o deslocamento do Juiz de Paz ao local determinado pelos noivos. Há também a modalidade do casamento religioso com efeito civil, celebrado na presença de uma autoridade religiosa ou ministro religioso (padre, pastor, rabino, bispo, dentre outros) conforme previsão do artigo 71 da Lei nº 6.015, de 31 de dezembro de 1973, que dispõe sobre os registros públicos.

> PARA QUE O CASAMENTO CIVIL ACONTEÇA FORA DO ESPAÇO DO CARTÓRIO, É PRECISO SOLICITAR UMA DILIGÊNCIA.

A seguir descrevemos os trâmites cartoriais para habilitar o casamento.

PARA O CASAMENTO CIVIL REALIZADO NO OFÍCIO DE REGISTROS (CARTÓRIO) - os nubentes terão que comparecer no Cartório de Registro Civil, acompanhados de duas testemunhas e munidos dos seguintes documentos pessoais originais:

- RG e CPF ou CNH;
- Certidão de Nascimento, se solteiro(a);
- Averbação do divórcio, se divorciado(a);
- Comprovante de Residência.

Ao apresentar os documentos no cartório, os noivos deverão informar qual regime de comunhão de bens querem adotar a partir do casamento e se haverá alteração em seus sobrenomes. Deverão, ainda, fazer o recolhimento de uma taxa e então o processo de habilitação é iniciado e publicado na imprensa local e outros canais, conforme a lei.

Transcorrido o prazo de 15 dias, e não havendo impedimentos, a celebração do casamento é realizada na presença do Juiz de Paz, do escrevente e de duas testemunhas (no mínimo). É muito importante verificar a agenda do cartório para marcar a celebração na data desejada. Atualmente, grande parte dos cartórios realizam celebrações às quartas-feiras e aos sábados, porém, há variações entre as comarcas. Igualmente importante é a observação da comarca do cartório, uma vez que cada cartório atende determinadas regiões e, obrigatoriamente, o cartório em que os noivos farão os trâmites legais deve atender a região de domicilio de um dos nubentes.

> É IMPORTANTE VERIFICAR A AGENDA DO CARTÓRIO PARA MARCAR O CASAMENTO CIVIL NA DATA ADEQUADA. PARA DILIGÊNCIAS PODE SER NECESSÁRIA UMA ANTECEDÊNCIA DE ATÉ 90 DIAS.

Para o casamento com a diligência do Juiz de Paz: os trâmites e documentos são semelhantes, mas os noivos devem se atentar à data em que pretendem realizar a cerimônia, pois o pedido de casamento junto ao cartório deve acontecer com trinta a noventa dias de antecedência.

Para a modalidade do casamento religioso com efeito civil: nesse caso, além dos documentos e trâmites anteriormente citados, os noivos deverão apresentar um requerimento (vide anexo II) emitido pela organização religiosa, solicitando ao oficial da serventia a Certidão de Habilitação. Alguns cartórios solicitam também a credencial ou funcional da autoridade religiosa, ou outros documentos equivalentes, que deverá ser providenciada pela autoridade religiosa ou por sua organização.

Com a documentação correta, os trâmites de habilitação são iniciados. No caso do casamento religioso com efeito civil não há a necessidade da presença do Juiz de Paz durante a celebração. Vale destacar que é de responsabilidade da autoridade religiosa emitir o Termo de Casamento Religioso Para Efeito Civil (vide anexo III) e o Requerimento de Registro (vide anexo IV – alguns cartórios dispõem de modelos destes documentos) para que os noivos ou a quem possa interessar, após o casamento, apresentem a documentação no cartório a fim de solicitar o registro e a emissão da certidão de casamento (vide anexo V). O prazo para lavrar os documentos é de até noventa dias, após a realização da cerimônia.

> A PESSOA INTERESSADA TEM ATÉ 90 DIAS, APÓS O CASAMENTO RELIGIOSO COM EFEITO CIVIL, PARA SOLICITAR O REGISTRO E A EMISSÃO DA CERTIDÃO DE CASAMENTO.

A celebração será imediatamente suspensa e a certidão de habilitação anulada caso um dos nubentes:

- **Recusar-se a afirmar sua vontade de se casar;**

- declarar não ser livre e espontânea a sua afirmação para o ato matrimonial;
- manifestar arrependimento;
- demonstrar dúvida em sua resposta.

Portanto, é indispensável a afirmação clara do casal quanto ao desejo, espontaneidade e consentimento em se casar. A resposta negativa ou duvidosa culminará na suspensão do ato, que não poderá ser retomado no mesmo dia, mesmo se houver a retratação do nubente (artigo 1.538 do Código Civil).

Por ser o casamento uma norma de ordem pública, são necessários o formalismo e a solenidade. Por isso, as brincadeiras e quebras de protocolo durante a realização do ato civil não são bem-vindas e podem ser, inclusive, penalizadas.

DOS CRIMES CONTRA O CASAMENTO

O Código Penal, por meio do Decreto de Lei nº 2.848 de 07/12/1940, artigos 235 a 239, dispõe a respeito dos crimes contra o casamento, que estão listados a seguir:

- Bigamia: a pena é de reclusão de dois a seis anos (artigo 235);
- Induzir o outro nubente ao erro, ocultando informações inclusive sobre a existência de impedimento: a pena pode chegar a um ano de detenção (artigo 236 e 237);
- Induzir ao erro o contraente ou ocultar qualquer tipo de impedimento: pena de detenção por três meses a um ano (artigo 237);
- Simular autoridade para celebrar casamento civil: pena é de um a três anos de detenção e nulidade do ato. O casal deverá repetir todo o processo de habilitação (nesse crime inclui-se o celebrante que cita "eu vos declaro casados" sem ter autoridade legal para tal).

- Simular casamento, enganando o outro nubente sobre o ato realizado: pena é de um a três anos de detenção.

PRECEDÊNCIA

Quando falamos de precedência em atos solenes ou formais, estamos nos referindo à primazia entre pessoas, de acordo com o papel social ou familiar que representam, ou entre autoridades, conforme o cargo que ocupam, ou ainda entre símbolos representativos específicos.

O Decreto 70.724 estabelece as Normas do Cerimonial Público e Ordem Geral de Precedência para a organização de uma cerimônia pública. No ambiente social, por sua vez, a precedência é regulada pelas regras de etiqueta social e por usos e costumes de cada cultura ou região.

A precedência é uma formalidade a se aplicar no intuito de ordenar noivos, pais, padrinhos, convidados e outros participantes, de modo adequado e harmonioso. Um bom exemplo disso é o momento da troca de alianças, em que a noiva (no casamento heteroafetivo) tem a precedência em relação ao noivo.

> A PRECEDÊNCIA NO AMBIENTE SOCIAL É REGULADA POR NORMAS DE ETIQUETA E SERVE PARA ORDENAR OS PARTICIPANTES DO ATO.

No casamento homoafetivo recomenda-se a aplicação de ordem de precedência alfabética.

AUTORIDADES PARTICIPANDO DA CERIMÔNIA DE CASAMENTO

Em diversos momentos vamos nos deparar com autoridades religiosas ou públicas que participarão da celebração do casamento.

Na maioria das vezes, o casal contratante informará como será essa participação e em qual momento irá acontecer, mas pode ser que ele o questione e peça sua opinião a respeito. Algumas vezes você receberá essa informação apenas no dia do evento, o que torna necessária a adequação do texto e/ou roteiro previamente preparado.

Combinar previamente com os noivos o que vai acontecer é absolutamente necessário, pois traz tranquilidade e harmonia para a celebração, prevenindo imprevistos ou repetições.

> ACORDAR PREVIAMENTE COM OS NOIVOS TUDO O QUE VAI ACONTECER NA CERIMÔNIA PREVINE IMPREVISTOS.

Normalmente, em cerimônias com a participação do Juiz de Paz, é recomendável que primeiramente o celebrante social realize a abertura da cerimônia, cumprimentando os noivos e convidados e convidando, então, o Juiz de Paz para conduzir a celebração civil do casamento. Nesse caso, ao se dirigir ao Juiz de Paz, utilize o vocativo Senhor(a) Juiz(a) de Paz.

A participação do Juiz de Paz costuma ser breve, levando em média 10 minutos. Na maioria das vezes ele estará acompanhado do escrevente e o ato se resume à leitura da habilitação civil e dos termos de casamento. Após fazer a tradicional pergunta "é de livre e espontânea vontade que você, ciclano(a), recebe beltrana(o) por sua esposa(o)?" e de ouvir o "sim" do casal, o juiz os declara casados e assina os documentos juntamente com os noivos e com, no mínimo, duas testemunhas maiores de idade.

Quando o casal contratante é cristão ou seguidor de alguma religião ou doutrina, é comum que convidem seus líderes religiosos para um momento de oração ou benção. Na tabela a seguir descrevemos algumas autoridades religiosas e o pronome de tratamento adequado para se dirigir a elas.

AUTORIDADE	VOCATIVO	ABREVIAÇÃO
Sacerdotes	Vossa Reverência	V. Rev.a
Bispos	Vossa Excelentíssima Reverendíssima	V. Ex.a Rev.ma
Padres	Reverendo Senhor Padre	Rev. Sr. Pe.
Pastores	Reverendo Senhor Pastor	Rev. Sr. Pr.

Vale lembrar que trouxemos apenas alguns exemplos. Nosso país é laico e possui muitas religiões e doutrinas, portanto, para evitar gafes, converse com a autoridade religiosa presente e combine a maneira adequada para dirigir-se a ela.

Além das autoridades descritas, podem ser convidados para a cerimônia anciões, cooperadores, líderes de jovens, líderes de oração, pais e mães de santo, irmãos, reverendos e ministros de ritos.

Embora não seja uma regra, normalmente as orações e bênçãos acontecem no final da cerimônia. Algumas religiões não permitem que o momento do rito religioso seja fotografado ou filmado. Pergunte isso para a assessoria do evento ou diretamente para a autoridade religiosa, pois, se for esse o caso, será seu papel solicitar, no momento que anteceder o rito religioso, que convidados e profissionais desliguem seus equipamentos.

CASAMENTO MILITAR

Casamento militar é aquele que tem noivos pertencentes às Forças Armadas: Marinha, Exército, Aeronáutica e Polícia Militar.

Existem protocolos específicos para esse tipo de cerimônia, dentre os quais destaco o "Teto de Aço", que consiste em os noivos passarem, no final da cerimônia, sob um túnel formado pelas espadas dos colegas militares que formam a Guarda de Honra. É importante destacar que somente os noivos podem passar sob o "Teto de Aço" e que ele só se aplica a noivos com patente de oficial.

Não há distinção no papel do celebrante para esse tipo de cerimônia, cujo roteiro deve ser alinhado aos procedimentos do cortejo, elaborado pela assessoria de cerimônia. É preciso muita atenção e cuidado quanto ao vocativo para se referir aos militares.

Caso o noivo adentre o recinto portando uma espada, recomendo que ela fique reservada durante a cerimônia e lhe seja restituída ao final dela, inclusive com algum destaque, embelezando ainda mais a cerimônia.

PRONÚNCIAS

A pronúncia das palavras, principalmente dos nomes e sobrenomes merece toda a atenção. Confirme-a sempre e mais de uma vez. Pode ser muito desagradável para algumas pessoas ter o nome pronunciado de maneira equivocada. Uma boa dica para trazer mais segurança ao celebrante é escrever a pronúncia acima do nome a ser dito, como demonstramos a seguir:

Pronunciado	André **RAMÉGE**
Escrito	André **HAMMEJE**

Muitos celebrantes experientes, inclusive eu, já passaram por essa situação, de errar a pronúncia de algum nome. Aprende-se com a experiência, sem dúvida, mas, se é possível evitar a gafe, por que não fazê-lo?

> CHEQUE SEMPRE A PRONÚNCIA CORRETA DOS NOMES PARA EVITAR GAFES.

IMAGEM E POSTURA DO(A) CELEBRANTE

O(a) celebrante social de casamentos é uma figura importante, mas não deve ser o centro das atenções.

Boa postura é imprescindível – coluna ereta e olhar seguro, sempre direcionado aos noivos e convidados. Ler o tempo inteiro, desviar o olhar do casal ou olhar para o nada conota despreparo e ansiedade. Por isso, o estudo constante e o domínio do roteiro preparado são fundamentais.

Use trajes neutros. Evite brilhos, cores fortes e cores que possam roubar a cena dos noivos como, por exemplo, gravata prata ou dourada para os homens e vestidos brancos ou muito claros para as mulheres. Para casamentos ao ar livre (praias, chácaras, etc.), converse com o casal ou com o assessor/organizador do evento a respeito do estilo do evento e do traje mais apropriado.

Habitualmente o celebrante social deverá trajar o costume e a celebrante social, o tailleur, mas o traje sempre deverá se adequar à realidade do evento, pois os ambientes, condições e clima para a realização da cerimônia são os mais diversos.

> LEMBRE-SE SEMPRE DE QUE TRAJE É CÓDIGO DE CONDUTA E DEVE HARMONIZAR COM O AMBIENTE.

As cores escuras são elegantes e dão o toque de requinte necessário ao profissional, além de manter a tão falada neutralidade.

Recomendo que o(a) celebrante social não utilize a *boutonnière*, popularmente conhecida como flor de lapela, que é reservada a noivos e padrinhos.

Evite perfumes ou desodorantes com cheiros fortes, pois pessoas alérgicas podem ser prejudicadas, principalmente os noivos, que estarão frente a frente com você.

Os gestos são muito importantes na celebração, merecem atenção e cuidado, pois fazem parte do conjunto de comunicação.

Para que a sua comunicação seja assertiva e clara, o ideal é que seus gestos não ultrapassem o limite do seu tronco.

MATERIAIS DE TRABALHO

Para exercermos o ofício da celebração social, não são requeridos muitos instrumentos e/ou acessórios. Recomendo que o texto preparado para a celebração do casamento seja impresso na íntegra. Para acomodá-lo, utilize uma pasta neutra, firme e de fácil apoio para a leitura (caso venha a ser necessário). É muito apropriada também a utilização de *tablets*, pois, com os atuais recursos e tecnologias, é possível deixar o texto em rolagem automática para ser o apoio e norteador durante a celebração.

Atenção: não imprima sua logomarca no verso da pasta ou das folhas e não coloque placas de mesa com sua propaganda. Lembre-se de que não é o seu momento de brilhar, todo o brilho deve ser do casal a sua frente.

No caso das cerimônias alternativas, eu particularmente deixo a cargo do casal adquirir todos os itens e acessórios necessários para a sua realização, indicando regiões e lojas onde eles podem ser encontrados, e não assumo a responsabilidade pela compra. Mas, isso não é regra. Você pode oferecer esses itens e acessórios, solicitar o devido reembolso ou já incluir esses custos em seus honorários. De todo modo, preveja isso em contrato.

Faça uma passagem de som/voz antes do início da cerimônia, para que o operador do áudio faça os ajustes e equalizações necessárias para amenizar problemas e evitar imprevistos. Ao fazer passagem de som/voz, fale por alguns momentos (além do 1, 2, 3, testando) enquanto o profissional ajusta e equaliza o som. Assim é possível identificar de maneira mais precisa as necessidades de ajuste.

Segure o microfone de maneira correta para garantir a excelente captação de áudio e a qualidade para quem o ouvir ao vivo e, posteriormente, no vídeo da cerimônia. Não deixe grandes distâncias entre o microfone e a boca e projete a voz adequadamente, com volume, e direcionada para o globo do microfone, mantendo certa distância para evitar estouros no áudio, principalmente ao emitir sons com a letra "P". Segure o microfone firmemente pela base e, antes de colocá-lo sobre a mesa, desligue-o. Para evitar microfonia, não envolva o globo do microfone com as mãos nem passe na frente das caixas de som. O som estridente da microfonia, além de desagradável e incômodo, pode atrapalhar a sua linha de raciocínio.

Muitos profissionais optam por levar o seu próprio microfone, mas recomendo que você não se responsabilize integralmente por isso, pois pode acontecer de seu microfone não funcionar adequadamente no equipamento de som disponível, por exemplo. É importante registrar no contrato que o equipamento deve estar disponível no local.

OS VOTOS DE CASAMENTO

A troca de votos é um momento memorável. É esperada pelos convidados e, principalmente, pelos noivos, que, muitas vezes, precisam vencer barreiras e medos para poder declarar seu amor, seus sonhos e compromissos. Ou seja, a troca de votos é um momento de dedicação plena e genuína para a outra pessoa, não é um momento nosso, das câmeras ou dos convidados. É um momento exclusivo do casal.

Embora aconteça, não cabe ao celebrante escrever os votos para os noivos ou lhes dar cópias de outros votos. Ao contrário, cabe-lhe incentivar o casal a fazer os votos e a viver o momento, explicando sua importância e os reflexos positivos que essa vivência trará para a vida deles. O casamento é um exercício diário e uma das tarefas é praticar e manter vivos os votos proferidos, mantendo sempre ativa a lembrança dos compromissos firmados e dos sonhos declarados.

Uma excelente pergunta para ajudar a reflexão do casal é "Porque estou subindo ao altar?". Recomendo aos noivos que tentem responder por escrito a essa pergunta. Certamente eles irão extrair os melhores sentimentos para expressarem na cerimônia.

> LEMBRE-SE SEMPRE: PODE-SE DAR DICAS PARA INSPIRAÇÃO E REFLEXÃO DO CASAL, MAS NUNCA SE DEVE ESCREVER OS VOTOS DE ALGUÉM.

Se o casal optar por não realizar seus votos, respeite a decisão deles. Nunca faça surpresas ou crie situações para que os votos aconteçam, pois isso pode constrangê-los. Tampouco peça para algum familiar ou amigo dar depoimentos, sem que isso tenha sido previamente combinado com os noivos e com os próprios envolvidos. Ter boas ideias de improvisos e inspiração certamente pode ajudar em muitos momentos, mas o bom senso precisa ser o alicerce de suas decisões.

CONTRATO DE PRESTAÇÃO DE SERVIÇOS

A contratação do celebrante social deve ser formalizada por meio de um contrato de prestação de serviços assinado por ambas as partes, demonstrando seu acordo e consentimento. Nesse contrato deverão constar:

- dados pessoais do profissional contratado e do contratante;

- dados pertinentes ao evento, tais como data, horário, nome e endereço do local a ser realizada a cerimônia;

- valor e condições de pagamento;

- descrição clara do serviço que será prestado e sob quais condições.

Veja, a seguir, alguns exemplos de cláusulas que devem ser contempladas:

- O contratado prestará ao contratante o serviço de Celebração Social de Casamento, para o qual criará um texto personalizado, elaborado a partir do perfil do casal.
- Em caso de alteração da data e local do evento, o contratado dependerá de disponibilidade de agenda e poderá ser necessário um ajuste de preço.
- O contratado chegará no evento às x horas, permanecerá no local por x horas e sairá às x horas.
- Como os textos são elaborados com antecedência, quaisquer alterações nas informações por eles contempladas ou solicitações extras devem ser fornecidas com, no mínimo, 15 dias de antecedência da data do evento.
- O celebrante não se responsabiliza por problemas estruturais do local, falha de equipamentos e condições climáticas que possam vir a mudar os planos ou interferir na qualidade da cerimônia. Também não será responsável por levar quaisquer equipamentos para a cerimônia, salvo aqueles que forem combinados previamente.

Em relação à multa contratual, é muito importante verificar o que diz o artigo 412 do Código Civil – O valor da cominação imposta na cláusula penal não pode exceder o da obrigação principal.

Não se esqueça de tratar também, em seu contrato, da tolerância a atrasos para início da celebração. Vale destacar que o atraso para iniciar a cerimônia causa impacto em toda a programação do evento e é um efeito de bola de neve, por isso, resguarde seu direito de ajustar e dinamizar a cerimônia, bem como o direito de se ausentar do local caso sejam extrapolados todos os limites.

Por fim, e não menos importante, peça a autorização de uso da imagem ao casal.

Estes são alguns itens muito relevantes, mas recomendo que o contrato seja elaborado por um advogado. É um investimento importante, que dará todo apoio e segurança jurídica para ambas as partes.

FORMALIDADES COMPORTAMENTAIS

Ao conversar com o seu cliente, mantenha a formalidade ao escolher as palavras, a sutileza no gesto e no olhar. Se a comunicação for escrita, cuidado com a ortografia e a pontuação, pois um profissional da comunicação não pode cometer tais erros.

Na reunião com o casal, seja objetivo, apresente o seu trabalho e sua proposta e evite comparativos. A contratação do celebrante está vinculada, em primeiro lugar, aos perfis do profissional e do casal. Quando um casal procura um celebrante, certamente já assistiu a seus vídeos, leu depoimentos sobre o trabalho dele e o segue nas redes sociais, portanto, querem apenas atestar o que já sabem. Nunca ofereça ou se comprometa com realizações de ritos ou cerimônias alternativas cujo domínio você não possui. As cerimônias alternativas também são solenes e envolvem suas formalidades e particularidades.

No dia da celebração, seja pontual, o que, para o celebrante, significa chegar com antecedência. Isso lhe dará a oportunidade de se ambientar, fazer testes de som e interagir com os demais profissionais. Muitas oportunidades de *networking* acontecem antes do início do evento.

A celebração do casamento precisa ter início, meio e fim, sem redundâncias e sem alongar o tempo programado. Longas cerimônias não demonstram qualidade. Pelo contrário, podem causar cansaço e perda do interesse dos convidados.

No universo dos eventos sociais, em especial o de casamentos, é comum dar apelidos carinhosos aos contratantes, como, por exemplo, noivinho e noivinha. Não recomendamos essa prática, pois, por mais pessoal que seja o relacionamento entre celebrante e noivos, a relação comercial se sobrepõe e exige cuidados. Mais uma vez destacamos a importância de manter a formalidade com o seu cliente. Evite também outros excessos informais, como tocar constantemente (mesmo sem perceber) em seu contratante. Use o bom senso no trato com seu cliente. Não é problema perguntar como ele gostaria de ser tratado, ao contrário, essa é uma excelente forma de estabelecer uma relação de respeito entre as partes, certamente seu cliente perceberá o cuidado e o zelo que você tem por ele.

CONCLUSÃO

O conhecimento e o cumprimento de procedimentos burocráticos e comportamentais trazem segurança para a celebração de casamento e a chance do erro cai drasticamente. O clássico e formal nunca será arcaico, pois é eternizado por sua elegância e assertividade. A formalidade é um importante pilar para celebração de casamento e esse pilar precisa ser sólido.

A nova geração de celebrantes chegou com força e, para sobreviver neste mercado, precisa abrir sua mente para o conhecimento deste nobre ofício e seu coração, para que a inspiração surja e seja traduzida em palavras, levando sentido e verdade para a cerimônia do casal que confiou a você sua história e confiou em você para marcar o início de uma nova fase – a instituição de uma família fundada por um dos sentimentos mais poderosos do mundo.

O celebrante não pode cessar a busca por conhecimento e aperfeiçoamento. Deve, também, acreditar e praticar fielmente aquilo que fala, senão o seu discurso será frio e vazio.

Estude sempre, aperfeiçoe-se sempre, explore aquilo que tem de melhor, respeitando as formalidades e as boas práticas de mercado. Estabeleça-se em um porto seguro, e seja muito feliz no universo da celebração de casamento.

CAPÍTULO V
ÉTICA

ANDERSON AMAURY SILVA, ELIZABETH SILVA, JULIO DIAS E RODRIGO DO CARMO

CAPÍTULO V
ÉTICA

ANDERSON AMAURY, ELIZABETH SILVA,
JULIO DIAS E RODRIGO DO CARMO

Este tema merece atenção e cuidados extras. Nem precisamos justificar os motivos que nos levaram a destacá-lo no livro, com endosso dos quatro autores.

Ética é o conjunto de valores e princípios que aplicamos à nossa conduta, espelhando-nos na convivência salutar e respeitosa com nosso mercado de atuação. A palavra ética é derivada do grego e significa "aquilo que pertence ao caráter". O caráter é um presságio do destino e forma um patrimônio ético. Esse patrimônio é a garantia de uma carreira bem-sucedida e de celebrações satisfatórias, nobremente bem realizadas.

Filosoficamente, o tema sempre esteve em evidência, com abordagens clássicas ou contemporâneas, regulado pelo modo de vida de civilizações de diferentes épocas e culturas. Costumeiramente é impactado por diferentes fatores sociais e políticos e se reflete em tudo e todos. A ética está diretamente relacionada com o bem que podemos produzir para a sociedade em que vivemos, pois, em menor ou maior escala, todas as nossas ações têm impacto social e coletivo.

Não há uma diretriz pronta a ser seguida, como um manual de conduta, que nos imponha o que é certo ou errado, mas há o senso moral que determina como devemos agir, em correspondência com nossas escolhas e com os compromissos que assumimos profissionalmente.

Uma conduta ética se pauta por princípios edificados e consolidados de modo tal que não precisamos de alguém a nos indicar o que é certo ou errado. Em qualquer situação, guiados por nossos princípios, saberemos como agir. Ainda que não obtenhamos resultados diretos e imediatos com a conduta ética, ao longo do tempo colheremos resultados consistentes e expressivos do nosso trabalho, porque os nossos valores éticos estarão nos direcionando.

No mercado de eventos, a falta de ética é tema recorrente de comentários e críticas, causando indignação em muitos profissionais que se esforçam para atuar corretamente. Todos nós, sem exceção, estamos conectados de alguma forma. Assim, todas as ações que envolvam nosso mercado de trabalho, inclusive as que parecem isoladas e as que se caracterizam como não éticas, impactam negativamente todos os profissionais e, cedo ou tarde, afetarão também quem as cometeu.

Não nascemos prontos. Dependemos de uma estrutura de apoio para nossa formação pessoal. No âmbito profissional não é diferente e contamos com uma estrutura mercadológica para nos direcionar. Fazemos parte de um sistema ordenado e contribuímos significativamente para sustentá-lo tal como é. Se o sistema não é ético, temos participação nisso, ainda que indireta ou passivamente. Para que o mercado seja mais ético, como desejamos, é preciso impregná-lo com escolhas assertivas e conduta ética.

O trabalho como celebrante é uma missão que serve aos melhores planos e a um dos melhores momentos da vida de um casal. No propósito de celebrar, devem estar contidas ótimas intenções, boas práticas e ética inquestionável com noivos, familiares, parceiros, fornecedores, pares de profissão e todos com quem se tenha uma convivência.

Ser ético é uma questão de escolha. Independentemente de oportunidades que possam surgir, podemos nos comportar do modo como escolhemos nos estabelecer. Se, por outro lado, nos estabelecemos sem ética, nossa base será tão vulnerável que não nos permitirá chegar muito longe. Com ética e conduta correta, a carreira se consolida. E somente uma trajetória consolidada pode produzir resultados edificantes e ilimitados.

REFERÊNCIAS

Bíblia Sagrada: Nova tradução na linguagem de hoje. Cidade de Edição: Sociedade Bíblica do Brasil, 2010.

BRASIL. *Código Civil Brasileiro.* Disponível em: <http://www.planalto.gov.br/ccivil_03/LEIS/2002/L10406.htm>. Acesso em: 17 de abr. de 2019.

Senado Federal, Subsecretaria de Edições Técnicas, 2008.

CONFERÊNCIA EPISCOPAL PORTUGUESA. *Celebração do matrimônio.* Disponível em: <http://www.liturgia.pt/rituais/Matrimonio.pdf>. Acesso em: 17 de abr. de 2019.

CORTELLA, Mario Sergio. *Qual é a tua obra? Inquietações propositivas sobre gestão, liderança e ética.* Rio de Janeiro: Vozes, 2010.

EKMAN, Paul. *A linguagem das emoções.* São Paulo: Lua de Papel, 2011.

ESPINOZA, Baruch de. *Ética.* São Paulo: Autêntica Editora, 2009.

GOLEMAN, Daniel. *Inteligência emocional.* Rio de Janeiro: Objetiva, 2007.

GOMES, Sara. *Guia do cerimonial: do trivial ao formal.* 5. ed. Brasília: LGE, 2007.

MEIRELLES, Gilda Fleury. *Protocolo e cerimonial: normas, ritos e pompa.* 4. ed. São Paulo: Ibradep, 2014.

QUEIROZ, Sylvia. *Casamentos: manual de planejamento, produção e organização.* Birigui: Boreal Editora, 2016.

SALGADO, Paulo Regis. *Protocolo, cerimonial e etiqueta em eventos.* São Paulo: Paulus, 2010.

SIMÃO, Vera (com Anna Costa e Lúcia Barros). *Casar: do planejamento à celebração em grande estilo.* São Paulo: Mescla, 2005.

SPEERS, Nelson. *Cerimonial para relações públicas.* São Paulo: Hexágono Cultural, 1984.

SOUZA, Cristiane de. *Manual do cerimonial social: da concepção ao pós-evento – Casamento, bodas e festas de 15 anos.* Rio de Janeiro: Ed. Senac Rio, 2017.

WOLFF, Maria de Lourdes de Faria Marcondes. *Cerimonial de Casamento.* São Paulo: WB, 1999.

Sites de referência:
ABNT. Disponível em: <http://www.abnt.org.br>. Acesso em: 17 de abr. de 2019.
ABRAFESTA. Disponível em: <https://abrafesta.com.br/>. Acesso em: 17 de abr. de 2019.
ACADEMIA BRASILEIRA DE LETRAS. *Busca no vocabulário.* Disponível em: <http://www.academia.org.br/nossa-lingua/busca-no-vocabulario>. Acesso em: 17 de abr. de 2019.
BRASIL. *Lei no 1.110, de 23 de maio de 1950.* Disponível em: <http://www.planalto.gov.br/ccivil_03/Leis/1950-1969/L1110.htm>. Acesso em: 17 de abr. de 2019.
BRASIL. *Lei nº 6.015, de 31 de dezembro de 1973.* Disponível em: <http://www.planalto.gov.br/ccivil_03/leis/L6015compilada.htm>. Acesso em: 17 de abr. de 2019.
BRASIL. *Lei no 10.406, de 10 de janeiro de 2002.* Disponível em <http://www.planalto.gov.br/ccivil_03/Leis/2002/L10406.htm>. Acesso em: 17 de abr. de 2019.
BRASIL. *Decreto-lei no 2.848, de 7 de dezembro de 1940.* Disponível em: <http://www.planalto.gov.br/ccivil_03/decreto-lei/Del2848compilado.htm>. Acesso em: 17 de abr. de 2019.
CASAMENTO CIVIL. Disponível em: <https://www.casamentocivil.com.br/>. Acesso em: 17 de abr. de 2019.
CELEBRANT FOUNDATION & INSTITUTE. Disponível em: <http://www.celebrantinstitute.org/>. Acesso em: 17 de abr. de 2019.
CNCP. Disponível em: <http://www.cncp.org.br/>. Acesso em: 17 de abr. de 2019.
CONSULATE BRAZIL. Disponível em: <http://www.consulatebrazil.org/>. Acesso em: 17 de abr. de 2019.
SINJUCAESP.<http://www.sinjucaesp.org.br/sinjucaesp.org.br/index.html>. Acesso em: 17 de abr. de 2019.
SECRETARIA DOS DIREITOS DAS PESSOAS COM DEFICIÊNCIA. Disponível em: <http://www.pessoacomdeficiencia.sp.gov.br>. Acesso em: 17 de abr. de 2019.

ANEXOS

ANEXO I - DESCRITIVO BÁSICO DE ATIVIDADES

ATIVIDADES RELACIONADAS À CELEBRAÇÃO DE CASAMENTOS	
ABENÇOADOR(A)	Ao abençoar o casamento e o casal de nubentes, transmite-se o sentido de bem-aventurança, com uma noção de proteção subjetiva. Na celebração, em essência, pode significar uma honrosa consagração relacionada com a Divindade. A benção pode ser realizada pelo Celebrante Social ou por outra pessoa que tenha laços afetivos ou significativos com o casal. Poderá participar da cerimônia, abençoando uma parte dela, um elemento ritualístico ou algo específico, sem necessariamente, exercer o papel de celebrante.
CELEBRANTE SOCIAL	Celebrante Social é o título dado ao indivíduo, homem ou mulher, que exerce a atividade de celebrar casamentos, em caráter profissional. Ele realiza cerimônias, concebendo-as com fundamento tradicional, espiritualizado, ritualístico, étnico, cultural, simbólico ou neutro e, adapta-se ao que o casal desejar, considerando tudo que envolve a celebração, com respeito solene, formalidade protocolar ou representação religiosa. Tem flexibilidade, versatilidade e relativa liberdade de atuação. Em celebrações de casamento compostas de ritos, popularmente denominadas "Cerimônias Alternativas", o Celebrante Social deve ter perfil apropriado e aptidões qualificadas para realizá-las, ajustando-se às demandas personalizadas e expectativas inerentes a estas. Rituais alternativos são compostos por um conjunto de regras, orientadas por simbologias de caráter repetitivo, que seguem tradições culturais, ancestrais, sagradas ou de preceitos específicos.

JUIZ(A) DE PAZ	É responsável pela união de duas pessoas, por meio de casamento civil, segue as leis e procedimentos jurídicos vigentes, devidamente regulamentados ou legitimados. Representa um cartório regional, exercendo cargo honorífico, oficializa casamentos no próprio cartório ou em outros locais previamente determinados, na modalidade intitulada Diligência. Alguns Juízes de Paz exercem sua atividade pública e oficial conciliando-a com a atuação de Celebrante Social. A ocupação do cargo segue políticas regionalmente variadas, definidas institucionalmente.
MINISTRO RELIGIOSO	Ministros de confissão religiosa são aqueles que realizam liturgias, celebrações, cultos e ritos; dirigem e administram comunidade; formam pessoas segundo preceitos religiosos das diferentes tradições; orientam pessoas; realizam ação social junto à comunidade; pesquisam a doutrina religiosa; transmitem ensinamentos religiosos; praticam vida contemplativa e meditativa; preservam a tradição e, para isso, é essencial o exercício contínuo de competências pessoais específicas. (Descrição do Ministério do Trabalho e Emprego, pela Classificação Brasileira de Ocupações – CBO 2631-05). Realiza casamentos com efeito civil, dentro ou fora de um templo religioso, de acordo com normas específicas da organização à qual ele pertence.

Nota importante:
Essas definições têm caráter orientativo, sem comprometimento oficial ou regulatório, cujo objetivo é fornecer subsídios para que os profissionais possam decidir com qual nomenclatura podem se identificar ou se posicionar. Ao mesmo tempo, serve de base para o mercado ter uma compreensão mais assertiva acerca das atribuições de quem é designado para celebrar ou oficializar um casamento.

Outras possibilidades e alternativas de nomenclatura podem ser adaptadas pelos próprios profissionais, com a recomendação de observarem atentamente as leis regulatórias e as articulações dos grupos de interesses.

ANEXO II - FORMULÁRIO DE REQUERIMENTO

Como observado no capítulo IV, usualmente, para realização do casamento religioso com efeito civil, os cartórios solicitam às organizações religiosas e/ou seu representante um requerimento, carimbado e/ou impresso em papel timbrado. Este documento é apresentado pelo casal no cartório.

Ilmo. (a) Sr. (a) Oficial do Registro Civil

Nome Completo Noivo, nacionalidade, estado civil, profissão, com xx anos de idade, natural de xxxx, nascido em xx/xx/xxxx, residente e domiciliado na (endereço completo), filho de (nome dos pais); e

Nome completo Noiva, nacionalidade, estado civil, profissão, com xx anos de idade, natural de xxxx, nascido em xx/xx/xxxx, residente e domiciliado na (endereço completo), filho de (nome dos pais).

Pretendendo se casar nos termos do artigo 1515 do Código Civil e artigo 71 da Lei nº 6.015/73, perante o celebrante ministro religioso (nome completo, RG, CPF), da (nome da organização religiosa, CNPJ, endereço), no local (nome do *buffet*/chácara/espaço/igreja, endereço) em lugar acessível a qualquer pessoa, de portas abertas, apresentam os documentos necessários para o ato e requerem a Vossa Senhoria a expedição da Certidão de Habilitação Civil, nos termos da Lei.

Data e local.

Destacamos que os cartórios podem solicitar outros documentos ou formulários, bem como, alterações no requerimento.

ANEXO III – TERMO DE CASAMENTO

No dia da celebração de casamento, quando realizada por um Ministro Religioso, o casal, as testemunhas e o Ministro Religioso deverão assinar o termo de casamento. Alguns cartórios fornecem modelos padronizados para serem utilizados. A seguir apresentamos um modelo de termo habitualmente utilizado e aceito nos cartórios. Convém observar que as informações a serem preenchidas estarão disponíveis na Certidão de Habilitação, que é fornecida ao casal pelo cartório, após o cumprimento do processo habilitação (vide capítulo IV).

Termo de Casamento Religioso para Efeito Civil

Em (data por extenso), às XX:XX horas, pela (nome da organização religiosa, CNPJ, endereço), no local (nome do *buffet*/chácara/espaço/igreja, endereço) em lugar acessível a qualquer pessoa, de portas abertas, perante o celebrante ministro religioso (nome completo), e na presença das testemunhas ao final nomeadas e assinadas, após haverem afirmado o propósito de se casarem de livre e espontânea vontade, receberam-se em matrimônio pelo regime de Comunhão XXX, os pretendentes (nome completo noivo) e (nome completo noiva).

O CONTRAENTE, nacionalidade, estado civil, profissão, com xx anos de idade, natural de xxxx, nascido em xx/xx/xxxx, residente e domiciliado na (endereço completo), filho de (nome dos pais completos).

A CONTRAENTE, nacionalidade, estado civil, profissão, com xx anos de idade, natural de xxxx, nascido em xx/xx/xxxx, residente e domiciliado na (endereço completo), filho de (nome dos pais completos).

O casamento foi celebrado segundo o rito religioso (especificar o rito ou doutrina), nos termos da Lei dos Registros Públicos nº 6.015/73, mediante apresentação da Certidão de Habilitação Civil.

Em virtude do casamento, a contraente passará a assinar (nome completo atualizado), e o contraente continuará a assinar (nome completo).

Testemunharam o presente ato religioso:

Nome Completo, nacionalidade, estado civil, profissão, com xx anos de idade, natural de xxxx, nascido em xx/xx/xxxx, residente e domiciliado na (endereço completo), filho de (nome dos pais completos); e
Nome completo, nacionalidade, estado civil, profissão, com xx anos de idade, natural de xxxx, nascido em xx/xx/xxxx, residente e domiciliado na (endereço completo), filho de (nome dos pais completos).

Do que lavrei este termo no livro próprio. Este termo e aquele, lidos e achados conforme, vão devidamente assinados por mim Ministro Religioso-Celebrante, contraentes e testemunhas.

ANEXO IV – REQUERIMENTO DE REGISTRO

Junto ao Termo de Casamento Religioso Para Efeito Civil deverá ser apresentado o Requerimento de Registro.

> Eu (NOME COMPLETO MINISTRO RELIGIOSO), portador da cédula de identidade RG n° xx.xxx.xxx-xx, e inscrito no CPF n° xxx.xxx.xxx-xx residente sito a (endereço completo), venho solicitar de V.S.ª que se digne registrar no livro competente dessa Serventia, para que produza os efeitos legais, o casamento de (nome completo noiva) com (nome completo noivo), conforme termo anexo do casamento religioso para efeito civil.
>
> Data e local.

ANEXO V – MODELO DE CERTIDÃO DE CASAMENTO

Em 21/11/2017 passou a valer em todo o Brasil um novo modelo de Certidão de Casamento. Todas as alterações estão descritas no Provimento nº 63/2017 do Conselho Nacional de Justiça (CNJ). A seguir podemos conferir o modelo.

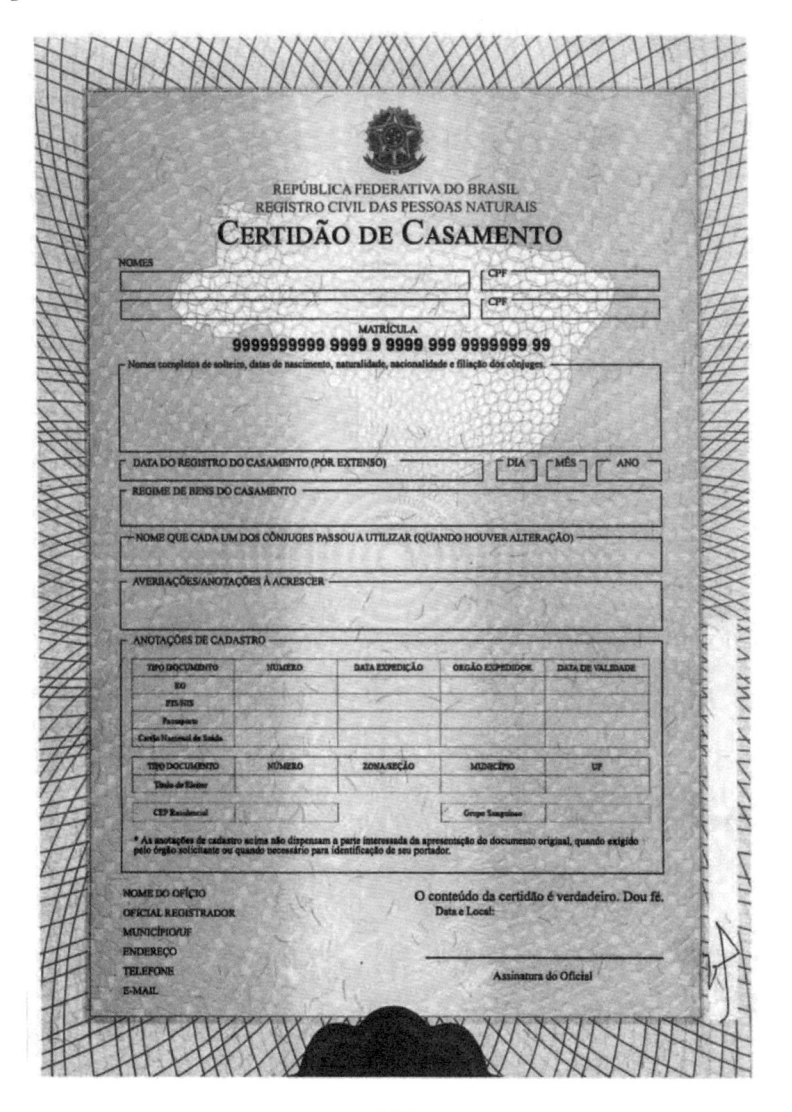

SOBRE OS AUTORES

ANDERSON AMAURY SILVA

Jornalista e radialista, com formação superior e técnica. Atua na área de eventos há mais de 15 anos, como mestre de cerimônias e apresentador, atendendo a instituições públicas e privadas. Tornou-se celebrante social de casamentos há 6 anos e, por sua bagagem, ministra oficinas e treinamentos para mestres de cerimônias e celebrantes sociais de casamentos em todo o Brasil. É palestrante e consultor em Comunicação Humana.

ELIZABETH SILVA

Consultora atuante na área de eventos, com formação e experiência multidisciplinar em diversos segmentos. Presta serviços de concepção de projetos. Formada em Administração de Empresas, certificada no Programa de Desenvolvimento Educacional-Senac, Pós-graduada em Criação Literária. No mercado de casamentos, prestou serviços de assessoria, ministrou cursos e coordenou a implantação do curso CASAR no SENAC, onde presta serviços de consultoria educacional. Desenvolveu ferramentas de apoio para o mercado de casamentos, dentre elas a campanha "Casar? Sem assessoria, nem pensar!". Seu *e-mail* para contatos é elizabeth.silva@grupoconsulte.com.br

JULIO DIAS

Celebrando casamentos desde 1988, Julio Dias é o pioneiro nas celebrações com formato profissional no Brasil. Referência para nomes já experientes e também para iniciantes, suas cerimônias que encantam e emocionam fazem dele um dos celebrantes mais requisitados do país. Com seus cursos *master*, tem formado pessoas em todo o território nacional. Julio é ministro cristão, celebrante social desde 1988, radialista formado pelo Senac, *coach* pelo Instituto IBC, palestrante e autor de três livros: *Dinheiro não aceita desaforo*, *Saboreia o mel* e *Educação de pais*. Casado há trinta e cinco anos e pai de três filhos, Julio realiza casamentos porque acredita no casamento e fala de amor porque vive o amor.

RODRIGO DO CARMO

Pós-graduado em Gestão de Liderança e Talentos e graduado em Gestão de Pessoas, Rodrigo do Carmo atua no ramo de festas e eventos desde 2009, é Celebrante Social e Mestre de Cerimônias. No SENAC/SP, formou-se no curso de técnico Radialista – Setor Locução, Mestre de Cerimônias com Técnicas de Apresentação de Eventos, Cerimonial e Protocolo. É colaborador ativo do SINJUCAESP e palestrante da área de comunicação e eventos, com palestras realizadas na Secretaria da Justiça e Cidadania/SP, ETEC – Escola Técnica do Estado de São Paulo, Universidade Nove de Julho, SENAC/SP, dentre outras instituições.

AGRADECIMENTOS

AGRADECIMENTOS

ANDERSON AMAURY SILVA

A todos que um dia me viram como orientador, instrutor, mestre, agradeço pelas experiências vivenciadas e compartilhadas. Sigo fascinado pelo conhecimento, pois é a melhor ferramenta que preciso para entender cada vez mais de mim mesmo, e assim ajudar a encantar e transformar pessoas.

ELIZABETH SILVA

Pela rica experiência na jornada de vida, com a família, amigos, clientes, parceiros de trabalho e apoiadores, pelos ensinamentos de mestres admiráveis, registro minha infinita gratidão.

À Maria de Melo Gil e Gracilene Lima, pelo precioso apoio de sempre.

Para minha mãe Izaura (*in memoriam*) e minha filha Giovanna, com amor.

Esta obra representa uma pequena amostra das melhores intenções, para que o mercado de casamentos se fortaleça e, continue gerando múltiplos benefícios a todos que dele participam, direta ou indiretamente. #Deusquer

JULIO DIAS

Meus agradecimentos são para o Senhor Jesus Cristo, Mestre dos mestres, que na minha mocidade me chamou das trevas para a sua maravilhosa luz. Deste livro, sou apenas o instrumento, porém Ele é o autor da vida e aquele que nos dá saúde para produzirmos riquezas. Ao Deus da minha vida, a minha sempre e eterna gratidão.

RODRIGO DO CARMO

Todo começo é desafiador, por isso, pessoas são essenciais em nossas vidas.

Agradeço a Deus por cada vida que passou e permanece junto a mim.

Agradeço a minha esposa e companheira, Raquel dos Santos, aos meus pais e irmãos, à minha família e amigos.

Não poderia deixar de destacar um especial agradecimento aos meus professores e mestres, para mim essa é uma profissão sagrada e merecedora de aplausos. Minha eterna gratidão aos professores da Escola Municipal de Ensino Infantil Ricardo Gonçalves, Escola Estadual Alfredo Paulino, Escola Estadual Romeu de Moraes, Faculdade Campos Salles, Faculdade Flamingo, SENAC/SP, e ao Centro de Estudos Aplicados ao Desenvolvimento Profissional.

Aos parceiros e profissionais dos mais diversos segmentos e ramos, aos meus colegas de profissão e a você que adquiriu este livro, muito obrigado!

E, por fim, não menos importante, agradeço a cada casal e família que confiou em mim, abriu o coração e me entregou sua história para que eu pudesse celebrar.